Hans-Peter Kranz

Unterschiedliche Lohnpfändungs-

berechnungen in der BRD

So berechnet z.B. die SAP-Software

den pfändbaren Betrag bei einer

Lohnpfändung (Art. 3 GG?)

Rechte kennen und durchsetzen
Ohne (und mit) Rechtsanwalt

Hans-Peter Kranz

Unterschiedliche Lohnpfändungsberechnungen in der BRD

So berechnet z.B. die SAP-Software den pfändbaren Betrag bei einer Lohnpfändung (Art. 3 GG?)

Hier erfahren

- Arbeitnehmer
- Gläubiger
- Schuldner

warum die Arbeitgeber den pfänbaren Betrag bei einer Lohnpfändung unterschiedlich berechnen.

Artikel 3 Grundgesetz (GG)
(1) Alle Menschen sind vor dem Gesetz gleich.

Das Gleichheitsgrundrecht ist „vor allem dann verletzt, wenn eine Gruppe von Normadressaten im Vergleich zu anderen Normadressaten anders behandelt wird, obwohl zwischen beiden Gruppen keine Unterschiede von solcher Art und solchem Gewicht bestehen, dass sie die ungleiche Behandlung rechtfertigen könnten".

(Grundgesetz-Kommentar, Michael Sachs, 3. Auflage, Art. 3 Rn. 13)

Bibliografische Information der Deutschen Nationalbibliothek
Die Deutsche Nationalbibliothek verzeichnet diese Publikation in der Deutschen Nationalbibliografie; detaillierte bibliografische Daten sind im Internet über http://dnb.d-nb.de abrufbar.

Herstellung und Verlag: Books on Demand GmbH, Norderstedt
ISBN 978-3-8370-3091-4

Inhaltsverzeichnis

Vorwort

1997 habe ich die Pfändungsberechnung der SAP-Software ausführlich überprüft.

Rheinbraun
Bergheim, 3. November 1997

Zeugnis

… Vom 12.02.1997 bis zum 23.05.1997 war Herr Kranz in einer Projektgruppe zur Einführung der neuen SAP-Gehaltsabrechnung in der Hauptverwaltung unseres Unternehmens tätig. Mit fundiertem Fachwissen und großem Fleiß hat er unter Berücksichtigung von gesetzlichen und tarifvertraglichen Bestimmungen die bisherigen abrechnungstechnischen Verfahrensweisen bei Gehaltspfändungen an die SAP-Systematik angepaßt und bei der Erstellung der erforderlichen Arbeitsanweisungen und Schulungsunterlagen mitgewirkt.

…

Rheinbraun Aktiengesellschaft
ppa.   i.V.
Thiede   Sinz

Bei dieser Überprüfung habe ich festgestellt, dass die Pfändungsberechnung der SAP-Software nicht mit den ZPO-Kommentierungen in Einklang stehen. Meine Vorgesetzten (Projektleiter und Personalleiter) bei der Rheinbraun AG (jetzt RWE Power AG) wurden damals von mir von diesen Abweichungen in Kenntnis gesetzt. Nach einer Überprüfung durch den Justitiar der Rheinbraun AG wurde dann auch das Unternehmen SAP von den unterschiedlichen Pfändungsberechnungen in Kenntnis gesetzt.

Das Unternehmen SAP ist eine Aktiengesellschaft, die ihre hergestellte Software an andere Unternehmen verkauft. Somit hätte der Vorstand die Öffentlichkeit von den unterschiedlichen Pfändungsberechnungen informieren müssen (u.a. Börse Frankfurt). Bis heute hat der Vorstand dies aber unterlassen.

Aus diesem Grund sah ich mich veranlaßt dieses Buch zu schreiben. Gläubiger oder Schuldner, die von dieser Pfändungsberechnung benachteiligt werden, können jetzt anhand dieses Buches weitere rechtliche Schritte einleiten. Ohne und mit Rechtsanwalt.

Alsdorf, im September 2005   Hans-Peter Kranz

Zum Autor:

Name:	Hans-Peter Kranz
Geboren:	1966
1972 – 1984	Abschluß der Fachhochschulreife
Aug. 1984 – Jan. 1987	Ausbildung zum Industriekaufmann EBV AG, Roermonder Str. 63, 52134 Herzogenrath
Jan. 1990 – April 1990	Seminar für Ausbilder gem. AEVO (IHK)
Aug. 1990 – März 1992	Weiterbildung zum Personalfachkaufmann (IHK)
Okt. 1992 – März 1996	Weiterbildung zum Betriebswirt (VWA)

Berufstätigkeit:

Jan. 1987 – Dez. 1992	Personalabteilung EBV AG, Roermonder Str. 63, 52134 Herzogenrath
Jan. 1993 – Okt. 1997	Personalabteilung Rheinbraun AG, Stüttgenweg 2, 50935 Köln

SAP-Kenntnisse:

März 1995	Teilnahme am Seminar für SAP-HR 3 Stammdaten u. SAP-HR 4 Zeitdaten
Dezember 1996	Teilnahme am Seminar für SAP-HR Zeitdatenpflege, Positiverfassung in Betrieben
Februar 1997 – Mai 1997	SAP-Pfändungsberechnung überprüft und Schulungsunterlagen erstellt

I. Pfändungsberechnung bei der Software von SAP

1. Chronologie der SAP AG

```
SAP AG
Neurottstr. 16
69190 Walldorf

Tel.       +49 6227 747474
Fax        +49 6227 757575
E-Mail     info @ sap.com
Internet   www.sap.com
```

1972 Im April gründen die ehemaligen IBM-Systemberater Dietmar Hopp, Hans-Werner Hector, Hasso Plattner, Klaus Tschira und Claus Wellenreuther die Firma „Systemanalyse Programmentwicklung" als Gesellschaft bürgerlichen Rechts (GbR). Geschäftssitz ist Weinheim, das Büro befindet sich in Mannheim. Am Ende des Geschäftsjahres hat das Unternehmen 9 Mitarbeiter. Der Umsatz beläuft sich auf 620.000 DM.

1976 Gründung der SAP-GmbH „Systeme, Anwendungen, Produkte in der Datenverarbeitung" als Vertriebs- und Assistenzunternehmen. Im 5. Jahr hat die SAP 25 Mitarbeiter, der Umsatz beträgt 3,81 Millionen DM.

1977 Der Firmen- und Geschäftssitz wird von Weinheim nach Walldorf verlegt.

1979 SAP hat mit der Einrichtung des Systems R/2 begonnen, der 2. Generation der Standardsoftware. Im Industriegebiet von Walldorf wird das erste eigene Gebäude errichtet. Im Frühjahr geht das erste SAP-Rechenzentrum in Betrieb. Der Umsatz erreicht in diesem Jahr fast 10 Millionen DM.

1980 Umzug in das neue Gebäude. Das Unternehmen beschäftigt 77 Mitarbeiter. 50 der 100 größten deutschen Industrieunternehmen zählen bereits zu den SAP-Kunden. SAP-Mitgründer Claus Wellenreuther verläßt mit einer Millionen DM Abfindung aus gesundheitlichen Gründen das Unternehmen.

1982 Im 10. Jahr stellt das Unternehmen den 100. Mitarbeiter ein. SAP verzeichnet in diesem Jahr einen Umsatzsprung von 48 % auf 24,2 Millionen DM. 236 Unternehmen in Deutschland, Österreich und in der Schweiz verwenden SAP-Software.

1983 Die Software-Firma wächst rasant, neue Gebäude müssen errichtet werden. Der Umsatz steigt um mehr als 45 % auf 46,7 Millionen DM.

1984 Im Herbst wird die SAP (International) AG in Biel (Schweiz) gegründet. Ende 1984 beschäftigt SAP 163 Mitarbeiter.

1986 Die SAP stockt ihr Grundkapital von 500.000 DM auf 5 Millionen DM auf. Der Umsatz übersteigt die Marke von 100 Millionen DM.

1987 Im März beginnt die Software-Firma mit dem Bau ihres Internationalen Schulungszentrums. SAP startet in 5 europäischen Ländern mit eigene Gesellschaften. 850 Unternehmen verwenden inzwischen die Standardsoftware made in Walldorf, darunter 60 der 100 größten deutschen Industrieunternehmen. 750 Mitarbeiter beschäftigt SAP inzwischen, der Umsatz springt auf 245 Millionen DM.

1988 Börsengang: Nachdem die SAP GmbH im August in eine Aktiengesellschaft umgewandelt wurde, geht sie im Oktober an die Börse. Beginn des Börsenhandels in Stuttgart und Frankfurt am 4. November. Das Unternehmen erweitert sein internationales Vertriebsnetz: Zusätzliche Landesgesellschaften entstehen in Dänemark, Schweden, Italien und in den USA: SAP startet mit der Tochter SAP North America, Inc., in Philadelphia.

1989 Das Unternehmen, das weltweit mehr als 1.250 Kunden gewonnen hat, führt rund 1.000 Mitarbeiter auf seiner Gehaltsliste. Für Forschung und Entwicklung werden 83,3 Millionen DM ausgegeben.

1990 Das Stammkapital wird durch Ausgabe von Vorzugsaktien auf 85 Millionen DM aufgestockt. Die Bilanz der AG weist ein Eigenkapital von mehr als 386 Millionen DM aus. Der Umsatz beläuft sich auf mehr als 500 Millionen DM, für Forschung und Entwicklung wendet SAP 109 Millionen DM auf. Das Unternehmen beschäftgit rund 1.700 Mitarbeiter.

1991 2.225 Kunden in 31 Ländern nutzen die Standardsoftware aus Deutschland. Der Umsatz wächst in diesem Jahr um über 40 % auf 707 Millionen DM. Die Firma beschäftigt jetzt rund 2.500 Mitarbeiter.

1992 20 Jahre SAP – das neue Entwicklungs- und Vertriebszentrum (EVZ) wird eingeweiht. Das Stammkapital des Unternehmens erhöht sich durch Ausgabe von 300.000 Vorzugsaktien um 15 Millionen DM auf 100 Millionen DM. Nach einer Pilottestphase wird das neue System R/3 im Sommer ausgeliefert.

1993 SAP schließt einen Kooperationsvertrag mit Microsoft. Der Umsatz übersteigt erstmals die Marke von einer Milliarde DM.

1994 November: IBM kauft R/3, bis dahin der größte Auftrag in der SAP-Geschichte. Mit mehr als 4.000 Kundenunternehmen und einem Umsatz von 1,8 Milliarden DM ist SAP weltweit der führende Hersteller von Standard-Anwendungs-Software. Die internationale Konkurrenz verschärft sich: SAP verliert einen Auftrag des amerikanischen Luftfahrtkonzerns Boeing an die Konkurrenzfirma Baan aus Holland.

1995 Der amerikanische Software-Riese Microsoft entscheidet sich für R/3 im Bereich Finanzwesen. Im September wird die SAP-Aktie in den DAX aufgenommen. Das Jahr endet mit dem größten Vertrag der Firmengeschichte: Die Deutsche Telekom ordert 30.000 R/3-Arbeitsplätze. R/3 wird Hauptumsatzträger – Gesamtumsatz 1995: 2,7 Milliarden DM.

1996 Im Oktober erschüttert ein „SAP-Crash" die Börse, das Unternehmen büßt – vorübergehend – 7 Milliarden DM an Marktwert ein. Doch dann kann SAP mit 1,35 Milliarden DM Umsatz das beste Schlußquartal seiner Geschichte bekanntgeben. Anfang Dezember beginnt die Firma mit der Auslieferung der internet- und intranetfähigen R/3-Version 3.1, der ersten am Markt verfügbaren betriebswirtschaftlichen Anwendungs-Software mit integrierten Internet-Anwendungen. 1996 steigt der Umsatz um 38 % auf insgesamt mehr als 3,7 Milliarden DM. 1.089 neue R/3-Kunden konnten gewonnen werden, zum Jahresende waren rund 9.000 R/3-Systeme weltweit installiert. Das Unternehmen hat mehr als 10.000 Mitarbeiter.

1997 Die SAP AG und die Software AG, Deutschlands zweitgrößtes Unternehmen der Branche, gründen ein gemeinsames Beratungsunternehmen, die SAP Systems Integration GmbH (SAP-SI) mit Sitz im hessischen Alsbach. Am 11.April feiert die SAP in Mannheim ihr 25jähriges Bestehen. Die Festrede hält Bundeskanzler Helmut Kohl.

1998 August: Börsengang in New York.

(Quelle: SAP-die heimliche Software-Macht, Gerd Meissner, 2. Auflage, Hoffmann u. Campe Verlag)

2000   Im März erreicht die SAP-Aktie ihr Allzeithoch. Im April verkündet der SAP-Chef Hasso Plattner eines der schlechtesten Quartalsergebnisse der vergangenen 10 Jahre. Die SAP-Vorzugsaktie rutsch ab. Bis Mai büßt sie 47 % ein.

Auszug aus der SAP-Kundenliste:

- Adobe Systems	- Halliburton
- Anheuser-Busch	- Hasbro
- Aventis	- Hershey
- BASF	- Johnson & Johnson
- Black & Decker	- Lockheed Martin
- BMW	- Lufthansa
- Brother International	- Mercedes Benz
- Burton Snowboards	- Nokia
- Chevron	- Siemens
- CLP Power Hang Kong	- Sony
- Colgate-Palmolive	- Starbucks
- Deutsche Bank	- Proctor & Gamble
- Dow Corning	- UBS
- Eastman Kodak	- Unilever
- General Mills	

(Quelle: SAP-Investor 03/2003)

2. Allgemeines

Als Pfändung (§ 803 ZPO) bezeichnet man eine gerichtliche Maßnahme bei einem Schuldner (z.B. die Beschlagnahmung eines Gegenstandes), um eine Geldforderung eines Gläubigers zu befriedigen. Die Geldforderung des Gläubigers kann z.B. dadurch entstanden sein, weil der Schuldner die in einem Gerichtsverfahren durch Urteil festgestellten Schulden nicht bezahlt hat. Die Pfändung von Gegenständen wird vollzogen, indem der Gerichtsvollzieher sie in Besitz nimmt (§ 808 ZPO).

Eine weitere Art der Pfändung ist die Lohnpfändung gem. §§ 850 ff. ZPO. Über den Lohn hinaus sind das gesamte Arbeits- und Erwerbseinkommen sowie Ruhestands- u. Hinterbliebenenbezüge betroffen (§ 850 Abs. 2, 3a, 4 ZPO).

Wenn ein Arbeitnehmer seine Zahlungsverpflichtungen nicht erfüllt, kann der Gläubiger seine Geldforderung dadurch befriedigen, indem er das Arbeitseinkommen beim Arbeitgeber des Schuldners pfänden läßt (§§ 829, 835 ZPO).

Für eine Lohnpfändung muß ein Pfändungsantrag schriftlich oder zu Protokoll der Urkundsbeamten der Geschäftsstelle gestellt werden. Zuständig ist das Amtsgericht, in dessen Bezirk der Arbeitnehmer seinen allgemeinen Gerichtsstand (Wohnsitz) hat oder bei dem nach § 23 ZPO gegen den Schuldner Klage erhoben werden kann (§§ 828, 13 ZPO). Hat das Gericht den Pfändungs- und Überweisungsbeschluß erlassen, muß er dem Arbeitgeber des Schuldners zugestellt werden. Dies geschieht meistens durch den Gerichtsvollzieher, der über die Zustellung eine Urkunde anfertigt. Mit der Zustellung an den Arbeitgeber (Drittschuldner) ist die Pfändung bewirkt (§ 829 Abs. 3 ZPO) und es ergeben sich nachfolgend aufgeführte Rechtsfolgen.

- gem. § 840 ZPO hat der Arbeitgeber (Drittschuldner) sich innerhalb von 2 Wochen zu erklären,
- der Arbeitgeber (Drittschuldner) darf das Arbeitseinkommen, soweit die Pfändung reicht, nicht mehr an den Arbeitnehmer (Schuldner) zahlen,
- der Arbeitnehmer kann über das gepfändete Arbeitseinkommen nicht mehr verfügen,
- der Gläubiger kann über die gepfändete und überwiesene Forderung verfügen.

Der Arbeitgeber (Drittschuldner) darf jetzt nach Zustellung des Pfändungs- und Überweisungsbeschlusses das Arbeitseinkommen nicht mehr an den Arbeitnehmer (Schuldner) zahlen, soweit das Arbeitseinkommen gepfändet ist (§ 829 Abs. 1 ZPO).

Weiterhin hat der Arbeitgeber unter Berücksichtigung der Pfändungsschutzbestimmungen (§§ 850 ff. ZPO) den pfändbaren Betrag des Arbeitseinkommens zu berechnen (§ 850 e ZPO).

Bei der Berechnung ist folgendes zu beachten:

- absolut unpfändbar sind die in § 850 a ZPO aufgeführten Bezüge,
- bedingt pfändbar sind die in § 850 b ZPO aufgeführten Bezüge,
- unpfändbar sind die Pfändungsgrenzen für Arbeitseinkommen gem. § 850 c ZPO.

Der pfändbare Betrag wird vom Arbeitgeber wie folgt ermittelt:

Bruttoarbeitslohn
- unpfändbare Bezüge

= **pfändbarer Bruttoarbeitslohn**

- Lohn- u. Kirchensteuer, Solidaritätszuschlag (vollständig, **darf nicht gekürzt werden**)
- Sozialversicherungsbeiträge (vollständig, **darf nicht gekürzt werden**)

= **pfändbarer Nettoarbeitslohn**

Quelle zum Abzug von Steuern und Sozialversicherungsbeiträge:

- ZPO-Kommentar Baumbach/Lauterbach/Albers/Hartmann, § 850 e Rn 3
- ZPO-Kommentar Thomas/Putzo, § 850 e Rn 2
- ZPO-Kommentar Zöller, § 850 e Rn 1
- ZPO-Kommentar Zimmermann, § 850 e Rn 1

Der monatlich pfändbare Nettoarbeitslohn dient jetzt dazu den zu pfändenden Betrag zu ermitteln. Hierzu gibt es eine Tabelle als Anlage zu **§ 850 c Abs. 3 ZPO** (siehe unten, Stand 01.01.2002).

ERSTER TEIL

PFÄNDBARE BETRÄGE FÜR MONAT · WOCHE · TAG¹)

gültig ab 1. Januar 2002

MONAT Nettolohn € von	bis	Pfändbarer Betrag in € bei Unterhaltspflicht für					
		0	1	2	3	4	5 und mehr Personen
	939,99	–	–	–	–	–	–
940,00	949,99	7,00	–	–	–	–	–
950,00	959,99	14,00	–	–	–	–	–
960,00	969,99	21,00	–	–	–	–	–
970,00	979,99	28,00	–	–	–	–	–
980,00	989,99	35,00	–	–	–	–	–
990,00	999,99	42,00	–	–	–	–	–
1 000,00	1 009,99	49,00	–	–	–	–	–
1 010,00	1 019,99	56,00	–	–	–	–	–
1 020,00	1 029,99	63,00	–	–	–	–	–
1 030,00	1 039,99	70,00	–	–	–	–	–
1 040,00	1 049,99	77,00	–	–	–	–	–
1 050,00	1 059,99	84,00	–	–	–	–	–
1 060,00	1 069,99	91,00	–	–	–	–	–
1 070,00	1 079,99	98,00	–	–	–	–	–
1 080,00	1 089,99	105,00	–	–	–	–	–
1 090,00	1 099,99	112,00	–	–	–	–	–
1 100,00	1 109,99	119,00	–	–	–	–	–
1 110,00	1 119,99	126,00	–	–	–	–	–
1 120,00	1 129,99	133,00	–	–	–	–	–
1 130,00	1 139,99	140,00	–	–	–	–	–
1 140,00	1 149,99	147,00	–	–	–	–	–
1 150,00	1 159,99	154,00	–	–	–	–	–
1 160,00	1 169,99	161,00	–	–	–	–	–
1 170,00	1 179,99	168,00	–	–	–	–	–
1 180,00	1 189,99	175,00	–	–	–	–	–
1 190,00	1 199,99	182,00	–	–	–	–	–
1 200,00	1 209,99	189,00	–	–	–	–	–
1 210,00	1 219,99	196,00	–	–	–	–	–
1 220,00	1 229,99	203,00	–	–	–	–	–
1 230,00	1 239,99	210,00	–	–	–	–	–
1 240,00	1 249,99	217,00	–	–	–	–	–
1 250,00	1 259,99	224,00	–	–	–	–	–
1 260,00	1 269,99	231,00	–	–	–	–	–
1 270,00	1 279,99	238,00	–	–	–	–	–
1 280,00	1 289,99	245,00	–	–	–	–	–
1 290,00	1 299,99	252,00	5,00	–	–	–	–
1 300,00	1 309,99	259,00	10,00	–	–	–	–
1 310,00	1 319,99	266,00	15,00	–	–	–	–
1 320,00	1 329,99	273,00	20,00	–	–	–	–
1 330,00	1 339,99	280,00	25,00	–	–	–	–
1 340,00	1 349,99	287,00	30,00	–	–	–	–
1 350,00	1 359,99	294,00	35,00	–	–	–	–
1 360,00	1 369,99	301,00	40,00	–	–	–	–
1 370,00	1 379,99	308,00	45,00	–	–	–	–

1) Die hier abgedruckten Tabellen entsprechen der Anlage zu § 850c ZPO. Bei der Unterhaltspflicht zu berücksichtigen sind Unterhaltsleistungen des Schuldners gegenüber seinem Ehegatten, einem früheren Ehegatten, seinem Lebenspartner, einem früheren Lebenspartner oder einem Verwandten oder der Mutter eines nichtehelichen Kindes nach §§ 1615l, 1615n BGB.

(Quelle: „Lohnpfändung, Stand 01.01.2002" v. Prof. Dipl.-Rpfl. Udo Hintzen, 23. Auflage, Stollfuß Verlag, ISBN 3-08-314003-7)

3. Rechtsgrundlage für eine Pfändungsberechnung

Die Rechtsgrundlage für eine Pfändungsberechnung ist im 8. Buch der Zivilprozessordnung (ZPO) geregelt. Das pfändbare Arbeitseinkommen wird gem. **§ 850 e ZPO** berechnet.

---

§ 850 e ZPO   **Berechnung des pfändbaren Arbeitseinkommens**

Für die Berechnung des pfändbaren Arbeitseinkommens gilt folgendes:

1. **Nicht mitzurechnen** sind die nach § 850 a der Pfändung entzogenen Bezüge, **ferner Beträge**, die unmittelbar auf Grund **steuerrechtlicher** oder **sozialrechtlicher Vorschriften** zur Erfüllung **gesetzlicher Verpflichtung des Schuldners abzuführen sind**. Diesen Beträgen stehen gleich die auf den Auszahlungszeitraum entfallenden Beträge, die der Schuldner

   a) nach den Vorschriften der Sozialversicherungsgesetze zur Weiterversicherung entrichtet oder

   b) an eine Ersatzkasse oder an ein Unternehmen der privaten Krankenversicherung leistet, soweit sie

   den Rahmen des Üblichen nicht übersteigen.

2. Mehrere Arbeitseinkommen sind auf Antrag vom Vollstreckungsgericht bei der Pfändung zusammenzurechnen. Der unpfändbare Grundbetrag ist in erster Linie dem Arbeitseinkommen zu entnehmen, das die wesentliche Grundlage der Lebenshaltung des Schuldners bildet.

2a. Mit Arbeitseinkommen sind auf Antrag auch Ansprüche auf laufende Geldleistungen nach dem Sozialgesetzbuch zusammenzurechnen, soweit diese der Pfändung unterworfen sind. Der unpfändbare Grundbetrag ist, soweit die Pfändung nicht wegen gesetzlicher Unterhaltsansprüche erfolgt, in erster Linie den laufenden Geldleistungen nach dem Sozialgesetzbuch zu entnehmen. Ansprüche auf Geldleistungen für Kinder dürfen mit Arbeitseinkommen nur zusammengerechnet werden, soweit sie nach § 76 des Einkommensteuergesetzes oder nach § 54 Abs. 5 des Ersten Buches Sozialgesetzbuch gepfändet werden können.

3. Erhält der Schuldner neben seinem in Geld zahlbaren Einkommen auch Naturalleistungen, so sind Geld- und Naturalleistungen zusammenzurechnen. In diesem Falle ist der in Geld zahlbare Betrag insoweit pfändbar, als der nach § 850 c unpfändbare Teil des Gesamteinkommens durch den Wert der dem Schuldner verbleibenden Naturalleistungen gedeckt ist.

4. Trifft eine Pfändung, eine Abtretung oder eine sonstige Verfügung wegen eines der in § 850 d bezeichneten Ansprüche mit einer Pfändung wegen eines sonstigen Anspruchs zusammen, so sind auf die Unterhaltsansprüche zunächst die gemäß § 850 d der Pfändung in erweitertem Umfang unterliegenden Teile des Arbeitseinkommens zu verrechnen. Die Verrechnung nimmt auf Antrag eines Beteiligten das Vollstreckungsgericht vor. Der Drittschuldner kann, solange ihm eine Entscheidung des Vollstreckungsgerichts nicht zugestellt ist, nach dem Inhalt der ihm bekannten Pfändungsbeschlüsse, Abtretungen und sonstigen Verfügungen mit befreiender Wirkung leisten.

Gem. **§ 850 e Nr. 1 Satz 1 ZPO** sind also

Lohnsteuer, Kirchensteuer, Solidaritätszuschlag,

Kranken-, Arbeitslosen-, Renten- und Pflegeversicherungsbeiträge,

---

vom pfändbaren Arbeitseinkommen **vollständig** (Beträge dürfen **nicht gekürzt** werden) **abzuziehen**.

Hierzu wird auf die nachfolgend aufgeführten ZPO-Kommentierungen verwiesen.

Übersicht zu **§ 850 e ZPO** und den Kommentierungen

<table>
<tr><td colspan="2" align="center">**Rechtsgrundlage**
zum Abzug von Steuern und Sozialversicherungsbeiträgen bei einer Lohnpfändung
§ 850 e Zivilprozessordnung (ZPO)</td></tr>
<tr>
<td>ZPO-Kommentar,
Baumbach/Lauterbach/Albers/Hartmann,
61. Auflage, § 850 e Rn 3</td>
<td>Steuerrecht, Sozialrecht. **Abzuziehen sind** ferner die Beträge, die der Arbeitgeber nach dem Steuer- oder Sozialrecht einbehalten und unmittelbar abführen muß, z.B. die Lohnsteuer **in voller Höhe**, ferner die Sozialversicherungsabgaben.</td>
</tr>
<tr>
<td>ZPO-Kommentar,
Thomas/Putzo,
23. Auflage, § 850 e Rn 2</td>
<td>Unpfändbare Bezüge. Nr. 1. Sie sind abzusetzen, auch wenn es im Pfändungsbeschluß nicht erwähnt ist. Sie werden nach dem Bruttoprinzip abgezogen, danach die vom Bruttoarbeitseinkommen zu zahlenden Steuern und Sozialabgaben **ungekürzt abgesetzt**.
(vgl. Napriela Rpfleger 92, 49 mwN)</td>
</tr>
<tr>
<td>ZPO-Kommentar,
Zöller,
20. Auflage, § 850 e Rn 1</td>
<td>Nettoeinkommen als Berechnungsgrundlage (Nr. 1). ....
Weiter sind abzuziehen: der **gesamte** auf dem gepfändeten Arbeitseinkommen lastende Steuerbetrag (Lst, Kist), auch soweit er auf den dem Schuldner verbleibenden Einkommensteil entfallen würde.
(**keine Zerlegung** der Steuerabzüge, Henze Rpfleger 80, 456)</td>
</tr>
<tr>
<td>ZPO-Kommentar,
Zimmermann,
3. Auflage, § 850 e Rn 1</td>
<td>Nr. 1. Wesentlich ist das Nettoeinkommen. Berechnung grds durch Drittschuldner. Abzuziehen z.B. Lohn- und Kirchensteuer, ges. Kranken-, Renten-, Arbeitslosenversicherung, **auch soweit auf die Bezüge nach § 850 a ZPO** (Unpfändbare Bezüge) **entfallend**.</td>
</tr>
<tr>
<td>Lohnpfändung von
Prof. Dipl.-Rpfl. Udo Hintzen,
23. Auflage, Rn 119</td>
<td>Bruttoeinkommen für die Pfändung   **3.730,-- €**
abzüglich ½ Überstundenvergütung,
Urlaubsgeld, Gefahrenzulage   <u>605,-- €</u>
    3.125,-- €

abzüglich LSt, SolZ, KiSt, Sozialvers.
aus dem Bruttobetrag von 3.730,-- €   <u>695,-- €</u>

Nettoeinkommen für die Pfändung   <u>2.430,-- €</u></td>
</tr>
<tr>
<td>Lohnpfändung von
Prof. Dipl.-Rpfl. Udo Hintzen,
23. Auflage, Rn 121</td>
<td>Bruttoeinkommen für die Pfändung   **5.530,-- €**
abzüglich ½ Überstundenvergütung,
Urlaubsgeld, Gefahrenzulage   <u>605,-- €</u>
    4.925,-- €

abzüglich LSt, SolZ, KiSt, Sozialvers.
aus dem Bruttobetrag von 5.530,-- €   <u>1.395,-- €</u>

Nettoeinkommen für die Pfändung   <u>3.530,-- €</u></td>
</tr>
</table>

4. Pfändungsberechnung gem. der Zivilprozessordnung (ZPO)

Das **Muster** der nachfolgenden Lohnpfändungsberechnung ist dem Buch

„Lohnpfändung, v. Prof. Dipl.-Rpfl. Udo Hintzen, 23. Auflage, Stollfuß-Verlag"

entnommen.

Arbeitseinkommen

1.	in Geld	_____
2.	Wert der Naturalbezüge	_____
3.	**Gesamtarbeitseinkommen**	_____

Abzüge

4.   Der Pfändung entzogene Bezüge
         a) für Mehrarbeitsstunden (brutto)   _____
         b) Urlaubsgeld   _____
         c) Aufwandsentschädigungen   _____
         d) Zulagen   _____
         e) Weihnachtsgeld (höchstens 500,-- €)   _____
         f) .....   _____
         g) ....   _____

5.   Lohnsteuer   _____
         Kirchensteuer   _____
         Solidaritätszuschlag   _____
         Sozialversicherungsbeiträge
         a) Krankenversicherung   _____
         b) Rentenversicherung   _____
         c) Arbeitslosenversicherung   _____
         d) Pflegeversicherung   _____

6. Gesamtabzüge   (Ziffer 4 und 5)   _____

7. Nettoeinkommen   (Ziffer 3 abzüglich 6)   [_____]

----

8. Pfändbarer Betrag lt. Lohnpfändungs-Tabelle   [_____]

Lohn- u. Kirchensteuer, Solidaritätszuschlag, Krankenversicherungs-, Rentenversicherungs-, Arbeitslosenversicherungs- und Pflegeversicherungsbeiträge dürfen gem. den nachfolgend aufgeführten ZPO-Kommentierungen **nicht gekürzt werden**:

☞   ZPO-Kommentar Baumbach/Lauterbach/Albers/Hartmann, § 850 e Rn 3
☞   ZPO-Kommentar Thomas/Putzo, § 850 e Rn 2
☞   ZPO-Kommentar Zöller, § 850 e Rn 1
☞   ZPO-Kommentar Zimmermann, § 850 e Rn 1

a) Berechnung einer Sachpfändung gem. § 850 e ZPO

Bruttoarbeitslohn	3.000,-- €	davon **500,-- € nicht pfändbar**
Lohn- u. Kirchensteuer, Solizu	750,-- €	
Sozialversicherungsbeiträge	500,-- €	

unterhaltspflichtige Personen (UHP)	0

	Bruttoarbeitslohn	3.000,-- €
-	nicht pfändbarer Betrag	500,-- €
=	**pfändbarer Bruttoarbeitslohn**	**2.500,-- €**

	Berechnung gem. ZPO
Pfändbarer Bruttoarbeitslohn	2.500,-- €
Minus Steuern und Sozialver-sicherungsbeiträge	750,-- € 500,-- €
Pfändbarer Nettoarbeitslohn	**1.250,-- €**
UHP = 0 Betrag, der gemäß Tabelle zu § 850 c Abs. 3 ZPO zu **pfänden ist**	<u>**224,-- €**</u>

Der **pfändbare Betrag** gem. ZPO beträgt hier <u>**224,-- €**</u>.

PFÄNDBARE BETRÄGE FÜR MONAT · WOCHE · TAG[1)]
gültig ab 1. Januar 2002

MONAT Nettolohn €		Pfändbarer Betrag in € bei Unterhaltspflicht für					
von	bis	0	1	2	3	4	5 und mehr Personen
	939,99	–	–	–	–	–	–
940,00	949,99	7,00	–	–	–	–	–
950,00	959,99	14,00	–	–	–	–	–
960,00	969,99	21,00	–	–	–	–	–
970,00	979,99	28,00	–	–	–	–	–
980,00	989,99	35,00	–	–	–	–	–
990,00	999,99	42,00	–	–	–	–	–
1 000,00	1 009,99	49,00	–	–	–	–	–
1 010,00	1 019,99	56,00	–	–	–	–	–
1 020,00	1 029,99	63,00	–	–	–	–	–
1 030,00	1 039,99	70,00	–	–	–	–	–
1 040,00	1 049,99	77,00	–	–	–	–	–
1 050,00	1 059,99	84,00	–	–	–	–	–
1 060,00	1 069,99	91,00	–	–	–	–	–
1 070,00	1 079,99	98,00	–	–	–	–	–
1 080,00	1 089,99	105,00	–	–	–	–	–
1 090,00	1 099,99	112,00	–	–	–	–	–
1 100,00	1 109,99	119,00	–	–	–	–	–
1 110,00	1 119,99	126,00	–	–	–	–	–
1 120,00	1 129,99	133,00	–	–	–	–	–
1 130,00	1 139,99	140,00	–	–	–	–	–
1 140,00	1 149,99	147,00	–	–	–	–	–
1 150,00	1 159,99	154,00	–	–	–	–	–
1 160,00	1 169,99	161,00	–	–	–	–	–
1 170,00	1 179,99	168,00	–	–	–	–	–
1 180,00	1 189,99	175,00	–	–	–	–	–
1 190,00	1 199,99	182,00	–	–	–	–	–
1 200,00	1 209,99	189,00	–	–	–	–	–
1 210,00	1 219,99	196,00	–	–	–	–	–
1 220,00	1 229,99	203,00	–	–	–	–	–
1 230,00	1 239,99	210,00	–	–	–	–	–
1 240,00	1 249,99	217,00	–	–	–	–	–
1 250,00	1 259,99	224,00	–	–	–	–	–

b) Berechnung einer Sachpfändung gem. § 850 e ZPO bei Urlaubsgeldzahlung

Bruttoarbeitslohn (lfd. Bezug)	**3.000,-- €**	(pfändbar)
Lohn- u. Kirchensteuer, Solizu	744,44 €	
Sozialversicherungsbeiträge	570,-- €	
Urlaubsgeld (sonstiger Bezug)	**2.000,-- €**	(nicht pfändbar)
Lohn- u. Kirchensteuer, Solizu	802,64 €	
Sozialversicherungsbeiträge	380,-- €	
unterhaltspflichtige Personen (UHP)	0	

----

	gesamter Bruttoarbeitslohn	5.000,-- €
-	nicht pfändbarer Betrag	2.000,-- €
=	**pfändbarer Bruttoarbeitslohn**	**3.000,-- €**

	Berechnung gem. ZPO
Pfändbarer Bruttoarbeitslohn	3.000,-- €
Minus Steuern und Sozialver-sicherungsbeiträge	744,44 € 570,-- € 802,64 € 380,-- €
Pfändbarer Nettoarbeitslohn	502,92 €
UHP = 0 Betrag, der gemäß Tabelle zu § 850 c Abs. 3 ZPO zu **pfänden ist**	**0,-- €**

Der **pfändbare Betrag** gem. ZPO beträgt hier **0,-- €**.

PFÄNDBARE BETRÄGE FÜR MONAT · WOCHE · TAG[1)]

gültig ab 1. Januar 2002

MONAT Nettolohn € von	bis	Pfändbarer Betrag in € bei Unterhaltspflicht für					
		0	1	2	3	4	5 und mehr Personen
	939,99	–	–	–	–	–	–
940,00	949,99	7,00	–	–	–	–	–
950,00	959,99	14,00	–	–	–	–	–
960,00	969,99	21,00	–	–	–	–	–
970,00	979,99	28,00	–	–	–	–	–

18

c) Berechnung einer Unterhaltspfändung gem. § 850 d ZPO

Bruttoarbeitslohn	3.200,-- €	davon **200,-- € nicht pfändbar**
Lst, Kist, Solizu	750,-- €	
Sozialversicherungsbeiträge	600,-- €	
pfandfreier Betrag	500,-- €	
pfandfreier Mehrbetrag	25 %	
unterhaltsberechtigte Personen (UHP)	0	

----

	gesamter Bruttoarbeitslohn	3.200,-- €
-	nicht pfändbarer Betrag	200,-- €
=	**pfändbarer Bruttoarbeitslohn**	**3.000,-- €**

	Berechnung gem. ZPO
Pfändbarer Bruttoarbeitslohn	3.000,-- €
Minus Steuern und Sozialversicherungs-beiträge	1.350,-- €
Minus pfandfreier Betrag	500,-- €
Minus pfandfreier Mehrbetrag (25 %)	287,50 €
Pfändbar gem. § 850 d ZPO	<u>**862,50 €**</u>

Der **pfändbare Betrag** gem. ZPO beträgt hier **862,50 €**.

19

d) Berechnung einer Unterhaltspfändung gem. § 850 d Abs. 1 Satz 3 ZPO

Bruttoarbeitslohn	3.000,-- €
Lst, Kist, Solizu	700,-- €
Sozialversicherungsbeiträge	550,-- €
pfandfreier Betrag	1.050,-- €
pfandfreier Mehrbetrag	25 %
unterhaltsberechtigte Personen (UHP)	0

----

	gesamter Bruttoarbeitslohn	3.000,-- €
-	nicht pfändbarer Betrag	0,-- €
=	**pfändbarer Bruttoarbeitslohn**	**3.000,-- €**

	Berechnung gem. § 850 d Abs. 1 Satz 3 ZPO
Pfändbarer Bruttoarbeitslohn	3.000,-- €
Minus Steuern und Sozialversicherungs-beiträge	1.250,-- €
Minus pfandfreier Betrag	1.050,-- €
Minus pfandfreier Mehrbetrag (25 %)	175,-- €
Vorläufig pfändbar (Dem Schuldner verbleiben)	525,-- € (1.225,-- €) (3.000 - 1.250 – 525 = 1.225)
Pfändbar gem. Tabelle zu § 850 c ZPO (Dem Schuldner verbleiben)	574,-- € (1.176,-- €) (3.000 – 1.250 – 574 = 1.176)
Gem. **§ 850 d Abs. 1 Satz 3 ZPO** sind somit **pfändbar**	<u>**574,-- €**</u>

Der **pfändbare Betrag** gem. ZPO beträgt hier **574,-- €**.

Hinweis:

> Gem. **§ 850 d Abs. 1 Satz 3 ZPO** darf dem **Schuldner nicht mehr verbleiben**, als bei einer Pfändungsberechnung nach **§ 850 c ZPO**.

5. Abweichende Pfändungsberechnung bei der Software von SAP

Bei der Software von SAP werden die Pfändungen in 2 Blöcke aufgeteilt. In

- **Block 1** werden die gewöhnlichen Pfändungen (Sachpfändungen) gem. **§ 850 e ZPO**

und in

- **Block 2** die bevorrechtigten Pfändungen (Unterhaltspfändungen) gem. **§ 850 d ZPO**

berechnet. Aus der unteren Abbildung sind die Blöcke ersichtlich.

Pfändungsberechnung SAP

Personalnummer	000000		
Gruppe	xxx	Name	Muster
Kreis	xxx	Vorname	Walter

Gültig [   ] bis [   ]

Pfändungsart/-nummer [0] [000]
Anz.Unterhaltsberechtigte [00]

Block 1: Verf. gewöhnliche Pfändung
☐ Normale Ermittlung
Weitere Zehntel frei ☐

Block 2: Verf. bevorrechtigte Pfändung
Pfandfreier Betrag [   ] EUR
Pfandfreier Mehrbetrag [   ] %

(Abbildung ähnlich, Quelle: eigene Recherche – siehe „Vorwort" und „Anhang")

In diesem Infotyp muß der jeweilige Block angekreuzt werden. Hinter Block 1 ist dann die Pfändungs-berechnung gem. § 850 e ZPO und hinter Block 2 die Pfändungsberechnung gem. § 850 d ZPO programmiert.

Die programmierte Berechnung ist von den jeweiligen Sachbearbeitern zunächst nicht ersichtlich. Jeder Sachbearbeiter muß sich somit auf die Richtigkeit der von SAP programmierten Berechnung verlassen.

Bei meiner Überprüfung habe ich mir die Berechnung angesehen und die Abweichungen festgestellt.

Das **Muster** der nachfolgenden Lohnpfändungsberechnung ist der

„SAP Abrechnung"

entnommen.

Berechnung bei gewöhnlichen Pfändungen (Sachpfändung) nach Block 1

      pfändbare laufende Bruttobezüge mit Pfändungsschutz
+   pfändbare sonstige Bruttobezüge mit Pfändungsschutz
-    **anteilige gesetzliche Abzüge** der laufenden pfändbaren Bruttobezüge mit Pfändungsschutz
-    **anteilige gesetzliche Abzüge** der sonstigen pfändbaren Bruttobezüge mit Pfändungsschutz

---

=   **Pfändungsnetto**

      pfändbarer Betrag gem. Pfändungstabelle
+   pfändbare lfd. und sonstige Bruttobezüge ohne Pfändungsschutz
-    Anteilige Gesetzliche Abzüge der pfändbaren lfd. u. sonstige Bruttobezüge ohne Pfändungsschutz

---

=   pfändbarer Betrag

(Abbildung ähnlich, Quelle: eigene Recherche – siehe „Vorwort" und „Anhang")

Bei der **SAP-Abrechnung** werden

Lohn- u. Kirchensteuer, Solidaritätszuschlag, Krankenversicherungs-, Rentenversicherungs-, Arbeitslosenversicherungs- und Pflegeversicherungsbeiträge

gekürzt. Hier werden die Steuern und die Sozialversicherungsbeiträge **anteilig** auf

den **pfändbaren Bruttolohn** und
den **nicht pfändbaren Bruttolohn**

aufgeteilt. Bei der anteiligen Berechnung wendet die SAP-Abrechnung den Dreisatz an.

Die SAP-Abrechnung verstößt somit gegen die ZPO-Kommentierungen

    ☞   ZPO-Kommentar Baumbach/Lauterbach/Albers/Hartmann, § 850 e Rn 3
    ☞   ZPO-Kommentar Thomas/Putzo, § 850 e Rn 2
    ☞   ZPO-Kommentar Zöller, § 850 e Rn 1
    ☞   ZPO-Kommentar Zimmermann, § 850 e Rn 1

und gegen die Berechnung im Buch

„Lohnpfändung, v. Prof. Dipl.-Rpfl. Udo Hintzen, 23. Auflage, Stollfuß-Verlag".

a) Abweichende SAP-Berechnung gem. § 850 e ZPO   (Sachpfändung)

Bruttoarbeitslohn	3.000,-- €	davon 500,-- € nicht pfändbar
Lohn- u. Kirchensteuer, Solizu	750,-- €	
Sozialversicherungsbeiträge	500,-- €	

unterhaltspflichtige Personen (UHP)   0

	Bruttoarbeitslohn	3.000,-- €
-	nicht pfändbarer Betrag	500,-- €
=	**pfändbarer Bruttoarbeitslohn**	**2.500,-- €**

	Berechnung gem. ZPO	Berechnung gem SAP
Pfändbarer Bruttoarbeitslohn	2.500,-- €	2.500,-- €
Minus Steuern und Sozialver-sicherungsbeiträge	750,-- € 500,-- € Beträge dürfen **nicht gekürzt werden**, siehe unten unter *1	1.041,67 € Beträge werden gekürzt. Berechnung: 2500 x 1250 : 3000 = 1.041,67 €
Pfändbarer Nettoarbeitslohn	1.250,-- €	1.458,33 €
UHP = 0 Betrag, der gemäß Tabelle zu § 850 c Abs. 3 ZPO zu **pfänden ist**	<u>224,-- €</u>	<u>364,-- €</u>

> ***1: Quelle zum Abzug von Steuern und Sozialversicherungsbeiträge:**
> - ZPO-Kommentar Baumbach/Lauterbach/Albers/Hartmann, § 850 e Rn 3
> - ZPO-Kommentar Thomas/Putzo, § 850 e Rn 2
> - ZPO-Kommentar Zöller, § 850 e Rn 1
> - ZPO-Kommentar Zimmermann, § 850 e Rn 1

Differenz: 364,-- € minus 224,-- € = **<u>140,-- €</u>**

Das obige Beispiel zeigt, dass es bei der SAP Berechnung zu einer

monatlichen Pfändungs**differenz**

i.H.v. **140,-- €** kommt.

Dies ergibt eine **jährliche Differenz** i.H.v. **1.680,-- €.**

Der Sachbearbeiter muß bei der SAP-Berechnung zunächst die Normale Ermittlung, Block 1, ankreuzen (siehe unten). Danach führt die Software von SAP die Berechnung des pfändbaren Betrages automatisch durch.

Pfändungsberechnung SAP

Personalnummer	000000		
Gruppe	xxx	Name	Muster
Kreis	xxx	Vorname	Walter

Gültig [01.01.2005] bis [31.01.2005]

Pfändungsart/-nummer [1] [001] Gewöhnliche Pfändung
Anz.Unterhaltsberechtigte [00]

Block 1: Verf. gewöhnliche Pfändung   **Block 2: Verf. bevorrechtigte Pfändung**
☒ Normale Ermittlung   Pfandfreier Betrag [   ] EUR
Weitere Zehntel frei ☐   Pfandfreier Mehrbetrag [   ] %

(Abbildung ähnlich, Quelle: eigene Recherche – siehe „Vorwort" und „Anhang")

Die bei der **SAP-Software** hinterlegte **Programmierung** für die Berechnung der **anteiligen gesetzlichen Abzüge** sieht wie folgt aus:

Pfändungsberechnung SAP

Abrechnungsperiode: 01.2005 / 01.01.2005 - 31.01.2005
Pfandfreie Steuer und SV der pfändbaren Lohnanteile berücksichtigen:

Steuer / SV gewöhnliche Pfändungen:

Laufende Bezüge

Gesamt-Steuer/-SV	1.250,00
Gesamt-Grundlage	3.000,00

Steuer/SV auf die Grundlage

Nicht pfändbar	500,00	*	1.250,00	/	3.000,00	=	208,33
Mit Schutz	**2.500,00**	*	**1.250,00**	/	**3.000,00**	=	**1.041,67**
Ohne Schutz	0,00	*	1.250,00	/	3.000,00	=	0,00

(Abbildung ähnlich, Quelle: eigene Recherche – siehe „Vorwort" und „Anhang")

Die von der SAP-Software errechneten **anteiligen** Steuern und Sozialversicherungsbeiträge betragen somit

1.041,67 €.

Die bei der **SAP-Software** hinterlegte **Programmierung** für die Berechnung (Block 1) des **pfändbaren Betrages gem. § 850 c ZPO** sieht wie folgt aus:

Pfändungsgrundlage mit Schutz: 2.500,00 € - 1.041,67 € = **1.458,33 €**

Pfändungsberechnung SAP

Abrechnungsperiode: 01.2005 / 01.01.2005 - 31.01.2005

Ermittlung Pfändbarer Betrag nach Block 1

1.	Pfändungsgrundlage mit Schutz			**1.458,33**
	Minimum (Berechnungsgrundlage / Pfändungsschutzgrenze)			1.458,33
	Berechnungsgrundlage (Minimum gerundet auf 10,00)			1.450,00
2.	Grundfreibetrag (Schuldner)			930,00
=	Unpfändbarer Grundbetrag gem. § 850 c Abs. 1 ZPO		=	930,00
3.	Berechnungsgrundlage (1.)			1.450,00
-	Unpfändbarer Grundbetrag (2.)		-	930,00
=	Mehrbetrag gem. § 850 c Abs. 2 ZPO		=	520,00
4.	Freibeträge: x Zehntel von (3.)			
	Für Schuldner 3 Zehntel			156,00
=	Unpfändbarer Mehrbetrag gem. § 850 c Abs. 2 ZPO		=	156,00
5.	Mehrbetrag (3.)			520,00
-	Unpfändbarer Mehrbetrag (4.)		-	156,00
=	Vorläufig pfändbarer Betrag gem. § 850 c Abs. 2 ZPO		=	364,00
6.	Vorläufig pfändbarer Betrag (5.)			364,00
+	Grundlage ohne Pfändungsschutz		+	0,00
=	Pfändbarer Betrag gem. § 850 c ZPO		=	**364,00**

(Abbildung ähnlich, Quelle: eigene Recherche – siehe „Vorwort" und „Anhang")

Die von SAP hinterlegte Programmierung errechnet somit einen **pfändbaren Betrag** gem. § 850 c ZPO i.H.v. **364,-- €**.

> Dieser Betrag ist gem. den ZPO-Kommentierungen auf Seite 15 falsch.

b) Abweichende SAP-Berechnung gem. § 850 e ZPO bei Urlaubsgeldzahlung (Sachpfändung)

Bruttoarbeitslohn (lfd. Bezug)	3.000,-- €	**(pfändbar)**
Lohn- u. Kirchensteuer, Solizu	744,44 €	
Sozialversicherungsbeiträge	570,-- €	
Urlaubsgeld (sonstiger Bezug)	2.000,-- €	**(nicht pfändbar)**
Lohn- u. Kirchensteuer, Solizu	802,64 €	
Sozialversicherungsbeiträge	380,-- €	
unterhaltspflichtige Personen (UHP)	0	

Laufende Bezüge

Bruttoarbeitslohn	3.000,-- €	**(pfändbar)**
gesamte Steuer u. Sozialv.	1.314,44 €	

sonstige Bezüge

Urlaubsgeld	2.000,-- €	**(nicht pfändbar)**
gesamte Steuer u. Sozialv.	1.182,64 €	

	Berechnung gem. ZPO	Berechnung gem. SAP
Pfändbarer Bruttoarbeitslohn	3.000,-- €	3.000,-- €
Minus Steuern und Sozialversicherungsbeiträge	1.314,44 € 1.182,64 € Beträge dürfen **nicht gekürzt werden**, siehe unten unter ***1**	1.314,44 € Beträge werden gekürzt. Berechnung: 3000 x 1314,44 : 3000 = 1.314,44 €
Pfändbarer Nettoarbeitslohn	502,92 €	**1.685,56 €**
UHP = 0 Betrag, der gemäß Tabelle zu § 850 c Abs. 3 ZPO zu **pfänden ist**	<u>0,-- €</u>	<u>**525,-- €**</u>

*1: Quelle zum Abzug von Steuern und Sozialversicherungsbeiträge:

- ZPO-Kommentar Baumbach/Lauterbach/Albers/Hartmann, § 850 e Rn 3
- ZPO-Kommentar Thomas/Putzo, § 850 e Rn 2
- ZPO-Kommentar Zöller, § 850 e Rn 1
- ZPO-Kommentar Zimmermann, § 850 e Rn 1

Das obige Beispiel zeigt, dass es zu einer

Pfändungsdifferenz

i.H.v. **<u>525,-- €</u>** kommt.

Bei der SAP-Software werden dem Arbeitnehmer somit **525,-- €** zuviel abgezogen.

Die bei der **SAP-Software** hinterlegte **Programmierung** für die Berechnung der **anteiligen gesetzlichen Abzüge** unter Berücksichtigung einer **Urlaubsgeltzahlung** sieht wie folgt aus:

Pfändungsberechnung SAP

Abrechnungsperiode: 01.2005 / 01.01.2005 - 31.01.2005

Pfandfreie Steuer und SV der pfändbaren Lohnanteile berücksichtigen:

Steuer / SV gewöhnliche Pfändungen:

Laufende Bezüge

Gesamt-Steuer/-SV	1.314,44							
Gesamt-Grundlage	3.000,00							

Steuer/SV auf die Grundlage

Nicht pfändbar	000,00	*	0.000,00	/	0.000,00	=	0,00
Mit Schutz	**3.000,00**	*	**1.314,44**	/	**3.000,00**	=	**1.314,44**
Ohne Schutz	0,00	*	0.000,00	/	0.000,00	=	0,00

Sonstige Bezüge

Gesamt-Steuer/-SV	1.182,64							
Gesamt-Grundlage	2.000,00							

Steuer/SV auf die Grundlage

Nicht pfändbar	2.000,00	*	1.182,64	/	2.000,00	=	1.182,64
Mit Schutz	**0,00**	*	**0,00**	/	**0,00**	=	**0,00**
Ohne Schutz	0,00	*	0,00	/	0,00	=	0,00

(Abbildung ähnlich, Quelle: eigene Recherche – siehe „Vorwort" und „Anhang")

Die von der SAP-Software errechneten

anteiligen Steuern und Sozialversicherungsbeiträge

bei einer **Urlaubsgeltzahlung** betragen somit

1.314,44 €.

Die bei der **SAP-Software** hinterlegte **Programmierung** für die Berechnung des **pfändbaren Betrages gem. § 850 c ZPO** unter Berücksichtigung einer **Urlaubsgeldzahlung** sieht wie folgt aus:

Pfändungsgrundlage mit Schutz (lfd. Bezug): 3.000,00 - 1.314,44 = **1.685,56**

Pfändungsgrundlage mit Schutz (sonst. Bezug/**Urlaubsgeld**): 0,00 - 0,00 = **0,00**

Pfändungsberechnung SAP

Abrechnungsperiode: 01.2005 / 01.01.2005 - 31.01.2005

Ermittlung Pfändbarer Betrag nach Block 1

1.	Pfändungsgrundlage mit Schutz	**1.685,56**
	Minimum (Berechnungsgrundlage / Pfändungsschutzgrenze)	1.685,56
	Berechnungsgrundlage (Minimum gerundet auf 10,00)	1.680,00
2.	Grundfreibetrag (Schuldner)	930,00
=	Unpfändbarer Grundbetrag gem. § 850 c Abs. 1 ZPO	= 930,00
3.	Berechnungsgrundlage (1.)	1.680,00
-	Unpfändbarer Grundbetrag (2.)	- 930,00
=	Mehrbetrag gem. § 850 c Abs. 2 ZPO	= 750,00
4.	Freibeträge: x Zehntel von (3.)	
	Für Schuldner 3 Zehntel	225,00
=	Unpfändbarer Mehrbetrag gem. § 850 c Abs. 2 ZPO	= 225,00
5.	Mehrbetrag (3.)	750,00
-	Unpfändbarer Mehrbetrag (4.)	- 225,00
=	Vorläufig pfändbarer Betrag gem. § 850 c Abs. 2 ZPO	= 525,00
6.	Vorläufig pfändbarer Betrag (5.)	525,00
+	Grundlage ohne Pfändungsschutz	+ 0,00
=	**Pfändbarer Betrag gem. § 850 c ZPO**	= **525,00**

(Abbildung ähnlich, Quelle: eigene Recherche – siehe „Vorwort" und „Anhang")

Die von SAP hinterlegte Programmierung errechnet somit einen **pfändbaren Betrag** gem. § 850 c ZPO bei einer **Urlaubsgeltzahlung** i.H.v. **525,-- €**.

Dieser Betrag ist gem. den ZPO-Kommentierungen auf Seite 15 falsch.

c) Abweichende SAP-Berechnung gem. § 850 d ZPO   (Unterhaltspfändung)

pfändbarer Bruttoarbeitslohn	3.200,-- €	davon **200,-- € nicht pfändbar**
Lst, Kist, Solizu	750,-- €	
Sozialversicherungsbeiträge	600,-- €	
pfandfreier Betrag	500,-- €	
pfandfreier Mehrbetrag	25 %	
unterhaltsberechtigte Personen (UHP)	0	

	Bruttoarbeitslohn	3.200,-- €
-	nicht pfändbarer Betrag	200,-- €
=	pfändbarer Bruttoarbeitslohn	3.000,-- €

	Berechnung gem. ZPO	Berechnung gem. SAP
Pfändbarer Bruttoarbeitslohn	3.000,-- €	3.000,-- €
Minus Steuern und Sozialver- sicherungsbeiträge	1.350,-- € Beträge dürfen **nicht gekürzt werden**, siehe unten unter *1	1.265,62 € Beträge **werden gekürzt**. Berechnung: 3000 x 1350 : 3200 = 1.265,62 €
Minus pfandfreier Betrag	500,-- €	500,-- €
Minus pfandfreier Mehrbetrag (25 %)	287,50 €	308,60 €
Betrag, der gem. § 850 d ZPO zu pfänden ist	862,50 €	**925,78 €** Dieser Betrag wird bei der Software von SAP gepfändet!!

---

*1: Quelle zum Abzug von Steuern und Sozialversicherungsbeiträge:
- ZPO-Kommentar Baumbach/Lauterbach/Albers/Hartmann, § 850 e Rn 3
- ZPO-Kommentar Thomas/Putzo, § 850 e Rn 2
- ZPO-Kommentar Zöller, § 850 e Rn 1
- ZPO-Kommentar Zimmermann, § 850 e Rn 1

Differenz: 925,78 € minus 862,50 € = **63,28 €**

Das obige Beispiel zeigt, dass es bei der SAP Berechnung zu einer

monatlichen Pfändungs**differenz**

i.H.v. **63,28 €** kommt.

Dies ergibt eine **jährliche Differenz** i.H.v. **759,36 €**.

Der Sachbearbeiter muß bei der SAP-Berechnung zunächst den pfandfreien Betrag und den pfandfreien Mehrbetrag, Block 2, eingeben (siehe unten). Danach führt die Software von SAP die Berechnung des pfändbaren Betrages automatisch durch.

Pfändungsberechnung SAP

Personalnummer	000000		
Gruppe	xxx	Name	Muster
Kreis	xxx	Vorname	Walter

Gültig 01.01.2005 bis 31.01.2005

Pfändungsart/-nummer 2 001 Bevorrechtigte Pfändung
Anz.Unterhaltsberechtigte 00

Block 1: Verf. gewöhnliche Pfändung

☐ Normale Ermittlung

Weitere Zehntel frei ☐

Block 2: Verf. bevorrechtigte Pfändung

Pfandfreier Betrag 500,00 EUR
Pfandfreier Mehrbetrag 25,00 %

(Abbildung ähnlich, Quelle: eigene Recherche – siehe „Vorwort" und „Anhang")

Die bei der **SAP-Software** hinterlegte **Programmierung** für die Berechnung der **anteiligen gesetzlichen Abzüge** bei der Unterhaltspfändung sieht wie folgt aus:

Pfändungsberechnung SAP

Abrechnungsperiode: 01.2005 / 01.01.2005 - 31.01.2005

Pfandfreie Steuer und SV der pfändbaren Lohnanteile berücksichtigen:

Steuer / SV bevorrechtigte Pfändungen:

Laufende Bezüge

Gesamt-Steuer/-SV   1.350,00
Gesamt-Grundlage   3.200,00

Steuer/SV auf die Grundlage

Nicht pfändbar	200,00	*	1.350,00	/	3.200,00	=	84,38
Mit Schutz	**3.000,00**	*	**1.350,00**	/	**3.200,00**	=	**1.265,62**
Ohne Schutz	0,00	*	1.350,00	/	3.200,00	=	0,00

(Abbildung ähnlich, Quelle: eigene Recherche – siehe „Vorwort" und „Anhang")

Die von der SAP-Software errechneten

anteiligen Steuern und Sozialversicherungsbeiträge

bei der **Unterhaltspfändung** betragen somit

1.265,62 €.

Die bei der **SAP-Software** hinterlegte **Programmierung** für die Berechnung des **pfändbaren Betrages gem. § 850 d ZPO** sieht wie folgt aus:

Pfändungsgrundlage mit Schutz: 3.000,00 € - 1.265,62 € = **1.734,34 €**

Pfändungsberechnung SAP

Abrechnungsperiode: 01.2005 / 01.01.2005 - 31.01.2005

Ermittlung Pfändbarer Betrag nach Block 2

1.	Pfändungsgrundlage mit Schutz			1.734,38
-	Pfandfreier Betrag laut Stammdaten		-	500,00

=	Vorläufig pfändbarer Betrag		=	1.234,38
2.	Pfandfreier Mehrbetrag: Vorläuf.pfändb. (1.) * 25,00 %		=	308,60
3.	Vorläufig pfändbarer Betrag (1.)			1.234,38
-	Pfandfreier Mehrbetrag (2.)		-	308,60

=	**Pfändbarer Betrag gem. § 850 d ZPO**		=	**925,78**

(Abbildung ähnlich, Quelle: eigene Recherche – siehe „Vorwort" und „Anhang")

Die von SAP hinterlegte Programmierung errechnet somit einen **pfändbaren Betrag** gem. § 850 d ZPO i.H.v. **925,78 €**.

Dieser Betrag ist gem. den ZPO-Kommentierungen auf Seite 15 falsch.

d) Abweichende SAP-Berechnung gem. § 850 d Abs. 1 Satz 3 ZPO   (Unterhaltspfändung)

pfändbarer Bruttoarbeitslohn	3.000,-- €
Lst, Kist, Solizu	700,-- €
Sozialversicherungsbeiträge	550,-- €
pfandfreier Betrag	1.050,-- €
pfandfreier Mehrbetrag	25 %
unterhaltsberechtigte Personen (UHP)	0

	Berechnung gem. § 850 d Abs. 1 Satz 3 ZPO	Berechnung gem. SAP
Pfändbarer Bruttoarbeitslohn	3.000,-- €	3.000,-- €
Minus Steuern und Sozialver-sicherungsbeiträge	1.250,-- €	1.250,-- €
Minus pfandfreier Betrag	1.050,-- €	1.050,-- €
Minus pfandfreier Mehrbetrag (25 %)	175,-- €	175,-- €
Vorläufig pfändbar	525,-- €	**525,-- €** Dieser Betrag wird bei der Software von SAP gepfändet!!
Pfändbar gem. Tabelle zu § 850 c ZPO	574,-- €	574,-- €
Dem Schuldner verbleiben	**1.176,-- €** (3.000 – 1.250 – 574 = 1.176)	**1.225,-- €** (3.000 – 1.250 – 525 = 1.225)
Gem. § 850 d Abs. 1 Satz 3 ZPO sind somit **pfändbar**	**574,-- €**	**?????**

> Gem. **§ 850 d Abs. 1 Satz 3 ZPO** darf dem **Schuldner nicht mehr verbleiben**, als bei einer Pfändungsberechnung nach **§ 850 c ZPO**.

Anmerkung:

Gem. der **SAP-Abrechnung** verbleiben dem Schuldner	**1.225,-- €**
Gem. **§ 850 d Abs. 1 Satz 3 ZPO** dürfen dem Schuldner aber nur verbleiben	**1.176,-- €**

Bei der SAP-Abrechnung entsteht somit eine **Differenz** i.H.v. **49,-- €**   (574,-- € - 525,-- € = 49,-- €).

Die **SAP-Abrechnung** entspricht nicht der Abrechnung gem. der Zivilprozessordnung (ZPO).

§ 850 d Abs. 1 ZPO und § 850 c ZPO ist nachfolgend abgedruckt.

---

§ 850 d ZPO   **Pfändbarkeit bei Unterhaltsansprüchen**

(1) Wegen der Unterhaltsansprüche, die kraft Gesetzes einem Verwandten, dem Ehegatten, einem früheren Ehegatten, dem Lebenspartner, einem früheren Lebenspartner oder nach § 1615l, 1615n des Bürgerlichen Gesetzbuchs einem Elternteil zustehen, sind das Arbeitseinkommen und die in § 850a Nr. 1, 2 und 4 genannten Bezüge ohne die in § 850c bezeichneten Beschränkungen pfändbar. Dem Schuldner ist jedoch so viel zu belassen, als er für seinen notwendigen Unterhalt und zur Erfüllung seiner laufenden gesetzlichen Unterhaltspflichten gegenüber den dem Gläubiger vorgehenden Berechtigten oder zur gleichmäßigen Befriedigung der dem Gläubiger gleichstehenden Berechtigten bedarf; von den in § 850a Nr. 1, 2 und 4 genannten Bezügen hat ihm mindestens die Hälfte des nach § 850a unpfändbaren Betrages zu verbleiben.

Der dem Schuldner hiernach verbleibende Teil seines Arbeitseinkommens darf den Betrag nicht übersteigen, der ihm nach den Vorschriften des § 850c gegenüber nicht bevorrechtigten Gläubigern zu verbleiben hätte.

Für die Pfändung wegen der Rückstände, die länger als ein Jahr vor dem Antrag auf Erlaß des Pfändungsbeschlusses fällig geworden sind, gelten die Vorschriften dieses Absatzes insoweit nicht, als nach Lage der Verhältnisse nicht anzunehmen ist, dass der Schuldner sich seiner Zahlungspflicht absichtlich entzogen hat.

(2) …

---

§ 850 c ZPO   **Pfändungsgrenzen für Arbeitseinkommen**

(1) Arbeitseinkommen ist unpfändbar, wenn es, je nach dem Zeitraum, für den es gezahlt wird, nicht mehr als

930   Euro monatlich

217,50 Euro wöchentlich oder

 43,50 Euro täglich

beträgt.

Gewährt der Schuldner auf Grund einer gesetzlichen Verpflichtung seinem Ehegatten, einem früheren Ehegatten, seinem Lebenspartner, einem früheren Lebenspartner oder einem Verwandten oder nach §§ 1615l, 1615n des Bürgerlichen Gesetzbuchs einem Elternteil Unterhalt, so erhöht sich der Betrag, bis zu dessen Höhe Arbeitseinkommen unpfändbar ist, auf bis zu

2.060   Euro monatlich

 478,50 Euro wöchentlich oder

  96,50 Euro täglich

und zwar um

350 Euro monatlich

 81 Euro wöchentlich oder

 17 Euro täglich

für die erste Person, der Unterhalt gewährt wird, und um je

195 Euro monatlich

 45 Euro wöchentlich oder

  9 Euro täglich

für die zweite bis fünfte Person

---

(2) Übersteigt das Arbeitseinkommen den Betrag, bis zu dessen Höhe es je nach der Zahl der Personen, denen der Schuldner Unterhalt gewährt, nach Absatz 1 unpfändbar ist, so ist es hinsichtlich des überschießenden Betrages zu einem Teil unpfändbar, und zwar in Höhe von 3 Zehnteln, wenn der Schuldner keiner der in Absatz 1 genannten Personen Unterhalt gewährt, 2 weiteren Zehnteln für die erste Person, der Unterhalt gewährt wird, und je einem weiteren Zehntel für die zweite bis fünfte Person. Der Zeil des Arbeitseinkommens, der 2.851 Euro monatlich (658 Euro wöchentlich, 131,58 Euro täglich) übersteigt, bleibt bei der Berechnung des unpfändbaren Betrages unberücksichtigt.

(2a) Die unpfändbaren Beträge nach Absatz 1 und Absatz 2 Satz 2 ändern sich jeweils zum 1. Juli eines jeden zweiten Jahres, erstmalig zum 1. Juli 2003, entsprechend der im Vergleich zum jeweiligen Vorjahreszeitraum sich ergebenden prozentualen Entwicklung des Grundfreibetrages nach § 32a Abs. 1 Nr. 1 des Einkommenssteuergesetzes; der Berechnung ist die am 1. Januar des jeweiligen Jahres geltenden Fassung des § 32a Abs. 1 Nr. 1 des Einkommenssteuergesetzes zugrunde zu legen. Das Bundesministerium der Justiz gibt die maßgebenden Beträge rechtzeitig im Bundesgesetzblatt bekannt.

(3) Bei der Berechnung des nach Absatz 2 pfändbaren Teils des Arbeitseinkommens ist das Arbeitseinkommen, gegebenenfalls nach Abzug des nach Absatz 2 Satz 2 pfändbaren Betrages, wie aus der Tabelle ersichtlich, die diesem Gesetz als Anlage beigefügt ist, nach unten abzurunden, und zwar bei Auszahlung für Monate auf einen durch 10 Euro, bei Auszahlung für Wochen auf einen durch 2,50 Euro oder bei Auszahlung für Tage auf einen durch 50 Cent teilbaren Betrag. Im Pfändungsbeschluß genügt die Bezugnahme auf die Tabelle.

(4) Hat eine Person, welcher der Schuldner auf Grund gesetzlicher Verpflichtung Unterhalt gewährt, eigene Einkünfte, so kann das Vollstreckungsgericht auf Antrag des Gläubigers nach billigem Ermessen bestimmen, dass diese Person bei der Berechnung des unpfändbaren Teils des Arbeitseinkommens ganz oder teilweise unberücksichtigt bleibt; soll die Person nur teilweise berücksichtigt werden, so ist Absatz 3 Satz 2 nicht anzuwenden.

Pfändungsberechnung gem. § 850 c ZPO:

	pfändbarer Bruttoarbeitslohn	3.000,-- €
minus	Lst, Kist, Solizu	700,-- €
minus	Sozialversicherungsbeiträge	550,-- €

Nettolohn   **1.750,-- €**

MONAT Nettolohn €		Pfändbarer Betrag in € bei Unterhaltspflicht für					
von	bis	0	1	2	3	4	5 und mehr Personen
1 680,00	1 689,99	525,00	200,00	82,00	3,00	–	–
1 690,00	1 699,99	532,00	205,00	86,00	6,00	–	–
1 700,00	1 709,99	539,00	210,00	90,00	9,00	–	–
1 710,00	1 719,99	546,00	215,00	94,00	12,00	–	–
1 720,00	1 729,99	553,00	220,00	98,00	15,00	–	–
1 730,00	1 739,99	560,00	225,00	102,00	18,00	–	–
1 740,00	1 749,99	567,00	230,00	106,00	21,00	–	–
1 750,00	1 759,99	574,00	235,00	110,00	24,00	–	–

↑ ↑   ↑ ↑

Gem. der **Pfändungstabelle** (Stand: 01.01.2002) wird hier ein Betrag i.H.v.

<u>**574,-- €**</u>

gepfändet.

Dies bedeutet für die **Unterhaltspfändung**:

Der vorläufig pfändbare Betrag i.H.v. <u>525,-- €</u> wird nicht gepfändet.

> Gem. **§ 850 d Abs. 1 Satz 3 ZPO** darf dem **Schuldner nicht mehr verbleiben,**
> als bei einer Pfändungsberechnung nach **§ 850 c ZPO.**

Bei dieser Unterhaltspfändung muß somit ein Betrag i.H.v. **574,-- €** gepfändet werden.

Die **SAP-Software** hat bei der Berechnung § 850 d Abs. 1 Satz 3 ZPO nicht berücksichtigt. Aus diesem Grund kommt es bei der SAP-Software zu einer falschen Berechnung des pfändbaren Betrags **(525,-- €).**

Wie die SAP-Software den pfändbaren Betrag (525,-- €) bei dieser Unterhaltspfändung berechnet, sehen sie auf den nachfolgenden Seiten.

Der Sachbearbeiter muß bei der SAP-Berechnung zunächst den pfandfreien Betrag und den pfandfreien Mehrbetrag, Block 2, eingeben (siehe unten). Danach führt die Software von SAP die Berechnung des pfändbaren Betrages automatisch durch.

Pfändungsberechnung SAP

Personalnummer   000000

Gruppe   xxx   Name   Muster

Kreis   xxx   Vorname   Walter

Gültig   01.01.2005   bis   31.01.2005

Pfändungsart/-nummer   2   001   Bevorrechtigte Pfändung

Anz.Unterhaltsberechtigte   00

Block 1: Verf. gewöhnliche Pfändung   **Block 2: Verf. bevorrechtigte Pfändung**

☐ Normale Ermittlung   Pfandfreier Betrag   1.050,00   EUR

Weitere Zehntel frei   ☐   Pfandfreier Mehrbetrag   25,00   %

(Abbildung ähnlich, Quelle: eigene Recherche – siehe „Vorwort" und „Anhang")

Die bei der **SAP-Software** hinterlegte **Programmierung** für die Berechnung der **anteiligen gesetzlichen Abzüge** bei der Unterhaltspfändung sieht wie folgt aus:

Pfändungsberechnung SAP

Abrechnungsperiode: 01.2005 / 01.01.2005 - 31.01.2005

Pfandfreie Steuer und SV der pfändbaren Lohnanteile berücksichtigen:

Steuer / SV bevorrechtigte Pfändungen:

Laufende Bezüge

Gesamt-Steuer/-SV   1.250,00
Gesamt-Grundlage   3.000,00

Steuer/SV auf die Grundlage

Nicht pfändbar	0,00	*	1.250,00	/	3.000,00	=	0,00
Mit Schutz	**3.000,00**	*	**1.250,00**	/	**3.000,00**	=	**1.250,00**
Ohne Schutz	0,00	*	1.250,00	/	3.000,00	=	0,00

(Abbildung ähnlich, Quelle: eigene Recherche – siehe „Vorwort" und „Anhang")

Die von der SAP-Software errechneten

anteiligen Steuern und Sozialversicherungsbeiträge

bei der **Unterhaltspfändung** betragen somit

1.250,-- €.

Die bei der **SAP-Software** hinterlegte **Programmierung** für die Berechnung des **pfändbaren Betrages gem. § 850 d Abs. 1 Satz 3 ZPO** sieht wie folgt aus:

Pfändungsgrundlage mit Schutz: 3.000,-- € - 1.250,-- € = **1.750,-- €**

Pfändungsberechnung SAP

Abrechnungsperiode: 01.2005 / 01.01.2005 - 31.01.2005

Ermittlung Pfändbarer Betrag nach Block 2

1.	Pfändungsgrundlage mit Schutz		1.750,00
-	Pfandfreier Betrag laut Stammdaten	-	1.050,00
=	Vorläufig pfändbarer Betrag	=	700,00
2.	Pfandfreier Mehrbetrag: Vorläuf.pfändb. (1.) * 25,00 %	=	175,00
3.	Vorläufig pfändbarer Betrag (1.)		700,00
-	Pfandfreier Mehrbetrag (2.)	-	175,00
=	**Pfändbarer Betrag gem. § 850 d ZPO**	=	**525,00**

(Abbildung ähnlich, Quelle: eigene Recherche – siehe „Vorwort" und „Anhang")

Die von SAP hinterlegte Programmierung errechnet somit einen **pfändbaren Betrag** gem. § 850 d Abs. 1 Satz 3 ZPO i.H.v. **525,-- €**.

Dieser Betrag ist gem. **§ 850 d Abs. 1 Satz 3** der Zivilprozessordnung (ZPO) falsch.

Richtig wäre ein **pfändbarer Betrag** i.H.v. **574,-- €**.

6. Tabelle Pfändungsdifferenzen   (Verstoß gegen Artikel 3 Grundgesetz?)

Die nachfolgende Tabelle zeigt die **monatlichen** Abweichungen, die sich aus den Berechnungen von der SAP-Software und den ZPO-Kommentierungen (siehe Seite 15) ergeben.

	Pfändbarer Betrag gem. **ZPO**	Pfändbarer Betrag gem. **SAP**	**Monatliche Differenz**
Sachpfändung **§ 850 c, e ZPO** Pfändungsberechnung von Seite 23	224,-- €	364,-- €	**140,-- €**
Sachpfändung mit Urlaubsgeld **§ 850 c, e ZPO** Pfändungsberechnung von Seite 26	0,-- €	525,-- €	**525,-- €**
Unterhaltspfändung **§ 850 d ZPO** Pfändungsberechnung von Seite 29	862,50 €	925,78 €	**63,28 €**
Unterhaltspfändung **§ 850 d Abs. 1 Satz 3 ZPO** Pfändungsberechnung von Seite 32	574,-- €	525,-- €	**49,-- €**

Hier stellt sich jetzt die Frage:

Warum werden die Menschen in der BRD bei einer Lohnpfändung unterschiedlich behandelt?

Die Zivilprozessordnung (ZPO) gilt in der BRD für alle Menschen. Aber sie wird unterschiedlich angewendet.

Gem. **Artikel 3 Grundgesetz (GG)** sind vor dem Gesetz alle Menschen gleich!!

Artikel 3 Grundgesetz (GG)   **Gleichheit vor dem Gesetz**

(1) Alle Menschen sind vor dem Gesetz gleich.

(2) Männer und Frauen sind gleichberechtigt. Der Staat fördert die tatsächliche Durchsetzung der Gleichberechtigung von Frauen und Männern und wirkt auf die Beseitigung bestehender Nachteile hin.

(3) Niemand darf wegen seines Geschlechtes, seiner Abstammung, seiner Rasse, seiner Sprache, seiner Heimat und Herkunft, seines Glaubens, seiner religiösen oder politischen Anschauungen benachteiligt oder bevorzugt werden. Niemand darf wegen seiner Behinderung benachteiligt werden.

Das Gleichheitsgrundrecht ist „vor allem dann verletzt, wenn eine Gruppe von Normadressaten im Vergleich zu anderen Normadressaten anders behandelt wird, obwohl zwischen beiden Gruppen keine Unterschiede von solcher Art und solchem Gewicht bestehen, dass sie die ungleiche Behandlung rechtfertigen könnten".

(Grundgesetz-Kommentar, Michael Sachs, 3. Auflage, Art. 3 Rn. 13)

Meines Erachtens liegt bei der **unterschiedlichen Pfändungsberechnung** ein Verstoß gegen Artikel 3 Grundgesetz (GG) vor.

7. Aufgaben des Vorstands (§ 76 AktG) und Aufsichtsrats (§ 111 AktG)

- Vorstand

---

§ 76 AktG   **Leitung der Aktiengesellschaft**

(1) Der Vorstand hat unter eigener Verantwortung die Gesellschaft zu leiten.

(2) Der Vorstand kann aus einer oder mehreren Personen bestehen. Bei Gesellschaften mit einem Grundkapital von mehr als 3 Millionen Euro hat er aus mindestens 2 Personen zu bestehen, es sei denn, die Satzung bestimmt, daß er aus einer Person besteht. Die Vorschriften über die Bestellung eines Arbeitsdirektors bleiben unberührt.

(3) Mitglied des Vorstands kann nur eine natürliche, unbeschränkt geschäftsfähige Person sein. Ein Betreuter, der bei der Besorgung seiner Vermögensangelegenheiten ganz oder teilweise einem Einwilligungsvorbehalt (§ 1903 des BGB) unterliegt, kann nicht Mitglied des Vorstands sein. Wer wegen einer Straftat nach den §§ 283 bis 283 d des StGB verurteilt worden ist, kann auf die Dauer von 5 Jahren seit der Rechtskraft des Urteils nicht Mitglied des Vorstands sein; in die Frist wird die Zeit nicht eingerechnet, in welcher der Täter auf behördliche Anordnung in einer Anstalt verwahrt worden ist. Wem durch gerichtliches Urteil oder durch vollziehbare Entscheidung einer Verwaltungsbehörde die Ausübung eines Berufs, Berufszweiges, Gewerbes oder Gewerbezweiges untersagt worden ist, kann für die Zeit, für welche das Verbot wirksam ist, bei einer Gesellschaft, deren Unternehmensgegenstand ganz oder teilweise mit dem Gegenstand des Verbots übereinstimmt, nicht Mitglied des Vorstands sein.

§ 77 AktG   **Geschäftsführung**

1. Besteht der Vorstand aus mehreren Personen, so sind sämtliche Vorstandsmitglieder nur gemeinschaftlich zur Geschäftsführung befugt. Die Satzung oder die Geschäftsordnung des Vorstands kann Abweichendes bestimmen; es kann jedoch nicht bestimmt werden, dass ein oder mehrere Vorstandsmitglieder Meinungsverschiedenheiten im Vorstand gegen die Mehrheit seiner Mitglieder entscheiden.

2. Der Vorstand kann sich eine Geschäftsordnung geben, wenn nicht die Satzung den Erlaß der Geschäftsordnung dem Aufsichtsrat übertragen hat oder der Aufsichtsrat eine Geschäftsordnung für den Vorstand erläßt. Die Satzung kann Einzelfragen der Geschäftsordnung bindend regeln. Beschlüsse des Vorstands über die Geschäftsordnung müssen einstimmig gefaßt werden.

§ 78 AktG   **Vertretung**

1. Der Vorstand **vertritt** die Gesellschaft **gerichtlich** und **außergerichtlich**.

2. Besteht der Vorstand aus mehreren Personen, so sind, wenn die Satzung nichts anderes bestimmt, sämtliche Vorstandsmitglieder nur gemeinschaftlich zur Vertretung der Gesellschaft befugt. Ist eine Willenserklärung gegenüber der Gesellschaft abzugeben, so genügt die Abgabe gegenüber einem Vorstandsmitglied.

3. Die Satzung kann auch bestimmen, dass einzelne Vorstandsmitglieder allein oder in Gemeinschaft mit einem Prokuristen zur Vertretung der Gesellschaft befugt sind. Dasselbe kann der Aufsichtsrat bestimmen, wenn die Satzung ihn hierzu ermächtigt hat. Absatz 2 Satz 2 gilt in diesen Fällen sinngemäß.

4. Zur Gesamtvertretung befugte Vorstandsmitglieder können einzelne von ihnen zur Vornahme bestimmter Geschäfte oder bestimmter Arten von Geschäften ermächtigen. Dies gilt sinngemäß, wenn ein einzelnes Vorstandsmitglied in Gemeinschaft mit einem Prokuristen zur Vertretung der Gesellschaft befugt ist.

§ 79 AktG   **Zeichnung durch Vorstandsmitglieder**

Vorstandsmitglieder zeichnen für die Gesellschaft, indem sie der Firma der Gesellschaft oder der Benennung des Vorstands ihre Namensunterschrift hinzufügen.

§ 84 AktG   **Bestellung und Abberufung des Vorstands**

1. Vorstandstmitglieder bestellt der Aufsichtsrat auf höchstens 5 Jahre. .....

2. .....

3. Der Aufsichtsrat kann die Bestellung zum Vorstandsmitglied und die Ernennung zum Vorsitzenden des Vorstands widerrufen, wenn ein wichtiger Grund vorliegt. Ein solcher Grund ist namentlich **grobe Pflichtverletzung**, Unfähigkeit zur ordnungsmäßigen Geschäftsführung oder Vertrauensentzug durch die Hauptversammlung, ...

§ 90 AktG   **Berichte an den Aufsichtsrat**

(1) Der Vorstand hat dem Aufsichtsrat zu berichten über

    1. die beabsichtige Geschäftspolitik und andere grundsätzliche Fragen der Unternehmensplanung (insbesondere die Finanz-, Investitions- und Personalplanung);

    2. die Rentabilität der Gesellschaft, insbesondere die Rentabilität des Eigenkapitals;

    3. den Gang der Geschäfte, insbesondere den Umsatz, und die Lage der Gesellschaft;

    4. Geschäfte, die für die Rentabilität oder Liquidität der Gesellschaft von erheblicher Beeutung sein können.

---

§ 90 AktG   **Berichte an den Aufsichtsrat**

Außerdem ist dem Vorsitzenden des Aufsichtsrats aus **sonstigen wichtigen Anlässen zu berichten**; als wichtiger Anlaß ist auch ein dem Vorstand bekanntgewordener geschäftlicher Vorgang bei einem verbundenen Unternehmen anzusehen, der auf die Lage der Gesellschaft von erheblichem Einfluß sein kann.

(2) .....

(3) Der Aufsichtsrat kann vom Vorstand jederzeit einen Bericht verlangen über Angelegenheiten der Gesellschaft, über ihre rechtlichen und geschäftlichen Beziehungen zu verbundenen Unternehmen sowie über geschäftliche Vorgänge bei diesen Unternehmen, die auf die Lage der Gesellschaft von erheblichem Einfluß sein können. Auch ein einzelnes Mitglied kann einen Bericht, jedoch nur an den Aufsichtsrat, verlangen; lehnt der Vorstand die Berichterstattung ab, so kann der Bericht nur verlangt werden, wenn ein anderes Aufsichtsratsmitglied das Verlangen unterstützt.

(4) Die Berichte haben den Grundsätzen einer gewissenhaften und getreuen Rechenschaft zu entsprechen.

(5) Jedes Aufsichtsratsmitglied hat das Recht, von den Berichten Kenntnis zu nehmen. Soweit die Berichte schriftlich erstattet worden sind, sind sie auch jedem Aufsichtsratsmitglied auf Verlangen auszuhändigen, soweit der Aufsichtsrat nichts anderes beschlossen hat. Der Vorsitzende des Aufsichtsrats hat die Aufsichtsratsmitglieder über die Berichte nach Absatz 1 Satz 2 spätestens in der nächsten Aufsichtsratssitzung zu unterrichten.

§ 93 AktG   **Sorgfaltspflicht und Verantwortlichkeit der Vorstandsmitglieder**

1. Die Vorstandsmitglieder haben bei ihrer Geschäftsführung die Sorgfalt eines ordentlichen und gewissenhaften Geschäftsleiters anzuwenden. Über vertrauliche Angaben und Geheimnisse der Gesellschaft, namentlich Betriebs- oder Geschäftsgeheimnisse, die ihnen durch ihre Tätigkeit im Vorstand bekanntgeworden sind, haben sie Stillschweigen zu bewahren.

2. Vorstandsmitglieder, die ihre Pflichten verletzen, sind der Gesellschaft zum Ersatz des daraus entstehenden Schadens als Gesamtschuldner verpflichtet. Ist streitig, ob sie die Sorgfalt eines ordentlichen und gewissenhaften Geschäftsleiters angewandt haben, so trifft sie die Beweislast.

3. ....

4. ....

- Aufsichtsrat

§ 111 AktG   **Aufgaben und Rechte des Aufsichtsrats**

1. Der Aufsichtsrat hat die Geschäftsführung zu überwachen.

2. Der Aufsichtsrat kann die Bücher und Schriften der Gesellschaft sowie die Vermögensgegenstände, namentlich die Gesellschaftskasse und die Bestände an Wertpapieren und Waren, einsehen und prüfen. Er kann damit auch einzelne Mitglieder oder für bestimmte Aufgaben besondere Sachverständige beauftragen. Er erteilt dem Abschlußprüfer den Prüfungsauftrag für den Jahres- und den Konzernabschluß gemäß § 290 des HGB.

3. Der Aufsichtsrat hat eine Hauptversammlung einzuberufen, wenn das Wohl der Gesellschaft es fordert. Für den Beschluß genügt die einfache Mehrheit.

4. Maßnahmen der Geschäftsführung können dem Aufsichtsrat nicht übertragen werden. Die Satzung oder der Aufsichtsrat kann jedoch bestimmen, dass bestimmte Arten von Geschäften nur mit seiner Zustimmung vorgenommen werden dürfen. Verweigert der Aufsichtsrat seine Zustimmung, so kann der Vorstand verlangen, dass die Hauptversammlung über die Zustimmung beschließt. Der Beschluß, durch den die Hauptversammlung zustimmt, bedarf einer Mehrheit, die mindestens drei Viertel der abgegebenen Stimmen umfaßt. Die Satzung kann weder eine andere Mehrheit noch witere Erfordernisse bestimmen.

5. Die Aufsichtsratsmitglieder können ihre Aufgaben nicht durch andere wahrnehmen lassen.

§ 116 AktG   **Sorgfaltspflicht und Verantwortlichkeit der Aufsichtsratsmitglieder**

Für die Sorgfaltspflicht und Verantwortlichkeit der Aufsichtsratsmitglieder gilt § 93 AktG über die Sorgfaltspflicht und Verantwortlichkeit der Vorstandsmitglieder sinngemäß.

§ 87 AktG   **Grundsätze für die Bezüge der Vorstandsmitglieder**

1. Der **Aufsichtsrat** hat bei der Festsetzung der Gesamtbezüge des einzelnen Vorstandsmitglieds (Gehalt, Gewinnbeteiligungen, Aufwandsentschädigungen, Versicherungsentgelte, Provisionen und Nebenleistungen jeder Art) dafür zu sorgen, dass die Gesamtbezüge in einem angemessenen Verhältnis zu den Aufgaben des Vorstandsmitglieds und zur Lage der Gesellschaft stehen. Dies gilt sinngemäß für Ruhegehalt, Hinterbliebenenbezüge und Leistungen verwandter Art.

2. Tritt nach der Festsetzung eine so wesentliche Verschlechterung in den Verhältnissen der Gesellschaft ein, dass die Weitergewährung der in Absatz 1 Satz 1 aufgeführten Bezüge eine schwere Unbilligkeit für die Gesellschaft sein würde, so ist der Aufsichtsrat, im Fall des § 85 Abs. 3 AktG das Gericht auf Antrag des Aufsichtsrats, zu einer angemessenen Herabsetzung berechtigt. Durch eine Herabsetzung wird der Anstellungsvertrag im übrigen nicht berührt. Das Vorstandsmitglied kann jedoch seinen Anstellungsvertrag für den Schluß des nächsten Kalenderjahrs mit einer Kündigungsfrist von 6 Wochen kündigen.

3. .....

Neben den gesetzlichen Pflichten gibt es im Unternehmen SAP auch noch interne Verhaltensregelungen **(Corporate Governance-Grundsätze der SAP)**, wie dem **Geschäftsbericht 2002** zu entnehmen ist:

Corporate Governance

Bereits im Jahr 2001 hat der Aufsichtsrat die Corporate Governance-Grundsätze der SAP verabschiedet. Diese Grundsätze richten sich an den Vorstand und den Aufsichtsrat, aber auch die Mitarbeiter des Unternehmens und haben eine gute und verantwortungsvolle Unternehmensleitung und –überwachung zum Ziel.

Ziel der Unternehmensführung durch den Vorstand ist die nachhaltige Steigerung des Unternehmenswertes der SAP. Die **Mitglieder des SAP-Vorstands sind zur Loyalität verpflichtet**. Sie dürfen – auch außerhalb ihrer Tätigkeit für die SAP – **keine den Interessen der SAP widersprechende Interessen verfolgen**. Sie stellen ihre ganze Arbeitskraft der SAP zur Verfügung.

....

Die SAP beachtet bei der Weitergabe von Informationen nach außen die Grundsätze der Transparenz, Zeitnähe, Offenheit, Verständlichkeit und der gebotenen Gleichbehandlung. Dazu gehören sowohl die zeitnahe Publikation der relativen Finanzinformationen als auch eine Informationsvermittlung im Konzernabschluss, die erheblich über die Mindestanforderungen der Rechnungslegungsnormen hinausgeht.

---

8. Kenntnis von der unterschiedlichen Pfändungsberechnung haben

a) Henning Kagermann (Vorstandsvorsitzender der SAP AG)

Hans-Peter Kranz   Alsdorf, den 13.10.2004

Tel.

Einschreiben/Eigenhändig
Art. 10 GG

An den **Vorstandsvorsitzenden**
der SAP AG
-Henning Kagermann-
Neurottstr. 16

69190 Walldorf/Baden

ISBN 3-89842-457-X, SAP-Personalwirtschaft für Anwender v. Galileo Press
ISBN 3-528-03160-3, Personalwirtschaft mit SAP R/3 v. Paul Wenzel

Pfändungsberechnung gem. ZPO

Sehr geehrter Herr Kagermann,

ich interessiere mich für die Pfändungsberechnungen gem. der ZPO und habe mir deshalb von **Galileo Press** das Buch

„SAP-Personalwirtschaft für Anwender, ISBN 3-89842-457-X",

und vom **Vieweg Verlag** das Buch

„Personalwirtschaft mit SAP R/3, ISBN 3-528-03160-3",

gekauft. Allerdings vermisse ich in diesen Büchern eine Beschreibung der

Pfändungsabrechnung

gem. der ZPO.

Wie aus den in der Anlage beigefügten Unterlagen ersichtlich ist, gibt es in den Unternehmen unterschiedliche Pfändungsberechnungen.

Aus diesem Grund bitte ich sie mir schriftlich mitzuteilen, ob sie in gemeinschaftlicher Initiative mit Galileo Press Bücher mit der **Beschreibung** der **SAP-Pfändungsabrechnung** herausgegeben haben.

Wenn ja, bitte ich sie mir die **Bestellnummer** des entsprechenden Buches mitzuteilen.

Für ihre Bemühungen bedanke ich mich im voraus.

Mit freundlichen Grüßen

gez. Kranz

3 Anlagen

Beispiel für eine unterschiedliche Pfändungsberechnung

Bruttoarbeitslohn	3.000,-- €	davon 500,-- € nicht pfändbar
Lohn- u. Kirchensteuer, Solizu	750,-- €	
Sozialversicherungsbeiträge	500,-- €	

unterhaltspflichtige Personen (UHP)   0

	Bruttoarbeitslohn	3.000,-- €
-	nicht pfändbarer Betrag	500,-- €
=	**pfändbarer Bruttoarbeitslohn**	**2.500,-- €**

	Berechnung gem. ZPO	Berechnung gem SAP
Pfändbarer Bruttoarbeitslohn	2.500,-- €	2.500,-- €
Minus Steuern und Sozialversicherungsbeiträge	750,-- € 500,-- € Beträge dürfen **nicht gekürzt werden**, siehe unten unter ***1**	1.041,67 € Beträge werden gekürzt. Berechnung: 2500 x 1250 : 3000 = 1.041,67 €
Pfändbarer Nettoarbeitslohn	**1.250,-- €**	**1.458,33 €**
UHP = 0 Betrag, der gemäß Tabelle zu § 850 c Abs. 3 ZPO zu **pfänden ist**	<u>224,-- €</u>	<u>364,-- €</u>

*1: Quelle zum Abzug von Steuern und Sozialversicherungsbeiträge:

- ZPO-Kommentar Baumbach/Lauterbach/Albers/Hartmann, § 850 e Rn 3
- ZPO-Kommentar Thomas/Putzo, § 850 e Rn 2
- ZPO-Kommentar Zöller, § 850 e Rn 1
- ZPO-Kommentar Zimmermann, § 850 e Rn 1

364,-- € minus 224,-- € = 140,-- €

Das obige Beispiel zeigt, dass es zu einer **monatlichen** Pfändungs**differenz** i.H.v. **140,-- €** kommt.

Dies ergibt eine **jährliche Differenz** i.H.v. **1.680,-- €.**

Dem Arbeitnehmer werden somit **monatlich 140,-- € zuviel abgezogen.**

Beispiel für eine unterschiedliche Pfändungsberechnung

Bruttoarbeitslohn	2.700,-- €	davon 300,-- € nicht pfändbar
Lohn- u. Kirchensteuer, Solizu	600,-- €	
Sozialversicherungsbeiträge	480,-- €	

unterhaltspflichtige Personen (UHP)   1

	Bruttoarbeitslohn	2.700,-- €
-	nicht pfändbarer Betrag	300,-- €
=	**pfändbarer Bruttoarbeitslohn**	**2.400,-- €**

	Berechnung gem. ZPO	Berechnung gem SAP
Pfändbarer Bruttoarbeitslohn	2.400,-- €	2.400,-- €
Minus Steuern und Sozialver-sicherungsbeiträge	600,-- € 480,-- € Beträge dürfen **nicht gekürzt werden**, siehe unten unter *1	960,-- € Beträge werden gekürzt. Berechnung: 2400 x 1080 : 2700 = 960,-- €
Pfändbarer Nettoarbeitslohn	**1.320,-- €**	**1.440,-- €**
UHP = 1 Betrag, der gemäß Tabelle zu § 850 c Abs. 3 ZPO zu **pfänden ist**	<u>20,-- €</u>	<u>80,-- €</u>

*1: Quelle zum Abzug von Steuern und Sozialversicherungsbeiträge:
- ZPO-Kommentar Baumbach/Lauterbach/Albers/Hartmann, § 850 e Rn 3
- ZPO-Kommentar Thomas/Putzo, § 850 e Rn 2
- ZPO-Kommentar Zöller, § 850 e Rn 1
- ZPO-Kommentar Zimmermann, § 850 e Rn 1

80,-- € minus 20,-- € = 60,-- €

Das obige Beispiel zeigt, dass es zu einer **monatlichen** Pfändungs**differenz** i.H.v. **60,-- €** kommt.

Dies ergibt eine **jährliche Differenz** i.H.v. **720,-- €.**

Dem Arbeitnehmer werden somit **monatlich 60,-- € zuviel abgezogen.**

Hans-Peter Kranz   Alsdorf, den 29.10.2004

Einschreiben-Rückschein/Eigenhändig
Art. 10 GG

An den **Vorstandsvorsitzenden**
der SAP AG
-Henning Kagermann-
Neurottstr. 16

69190 Walldorf/Baden

Mein Schreiben vom 13.10.2004
Falsche Pfändungsberechnung bei der Software von SAP

§ 15 WpHG   (Veröffentlichung u. Mitteilung kursbeeinflussender Tatsachen)

Sehr geehrter Herr Kagermann,

mit Schreiben vom 13.10.2004 hatte ich ihnen bereits mitgeteilt, dass die von ihnen verkaufte Software den pfändbaren Betrag gem. der ZPO falsch berechnet.

Als Anlage zu diesem Schreiben erhalten sie eine Pfändungsberechnung unter Berücksichtigung einer Urlaubsgeldzahlung. Auch hier wird deutlich, dass ihre Software den pfändbaren Betrag falsch berechnet. Der betroffene Arbeitnehmer wird bei ihrer Berechnung erheblich benachteiligt.

Gem. **§ 78 AktG** vertritt der Vorstand die SAP AG gerichtlich und außergerichtlich.

Aus diesem Grund gehe ich davon aus, dass sie die ihnen jetzt bekannten Tatsachen zur Pfändungsberechnung gem. **§ 15 WpHG** unverzüglich veröffentlichen.

Mit freundlichen Grüßen   2 Anlagen

Rückschein National   ☞ Bitte **unbedingt** die Rückseite ausfüllen

Sendungsnummer/Identcode   Postleitzahl   Einlieferungsdatum
                                                  Annahme-/Übernahmeste

Vom Absender auszufüllen

Empfänger der Sendung   Sendungsart   Zusatzleistung(en)/Service(s)

SAP AG, HERR KAGERMANN   ☒ Brief   ☒ EINSCHREIBEN
                                                 ☐ Postkarte
NEUROTTSTR. 16   ☒ EIGENHÄNDIG
                                                 ☐ Blindensendung
                                                 ☐ Paket   ☐ NACHNAHME
Postleitzahl, Ort   nicht kombinierbar mit
69190 WALLDORF/BADEN   EINSCHREIBEN/EIGENHÄNDIG
                                                 ☐ Express-Sendung NACHNAHME-Betrag
                                                   nicht kombinierbar mit
                                                   EINSCHREIBEN/NACHNAHME

Ausgeliefert an
☐ Empfänger   ☐ Ehegatten   ☐ Empfangsbevollmäc

Deutsche Post 🎺

Auslieferungsvermerk
Ich habe die Sendung dem Empfangsberechtigten übergeben.
Datum | Postmitarbeiter/Zusteller: Unterschrift
               X

EINSCHREIBEN
EIGENHÄNDIG RÜCKSCHEIN

Empfangsbestätigung
Name und Vorname in GROSSBUCHSTABEN
HEIM KARLHEINZ   R   RR 25 094 626 0DE 113

Ich bestätige, die Sendung am heutigen Tag erhalten zu haben.
Datum | Empfangsberechtigter: Unterschrift
22.11.04   X

Stand: 07/02
911-006-000

46

Anlage zum Schreiben vom 29.10.2004

Beispiel für eine Pfändungsberechnung unter Berücksichtigung einer Urlaubsgeldzahlung

Bruttoarbeitslohn (lfd. Bezug)	**3.000,-- €**	(pfändbar)
Lohn- u. Kirchensteuer, Solizu	744,44 €	
Sozialversicherungsbeiträge	570,-- €	
Urlaubsgeld (sonstiger Bezug)	**2.000,-- €**	(nicht pfändbar)
Lohn- u. Kirchensteuer, Solizu	802,64 €	
Sozialversicherungsbeiträge	380,-- €	
unterhaltspflichtige Personen (UHP)	0	

Laufende Bezüge

Bruttoarbeitslohn	3.000,-- €	(pfändbar)
gesamte Steuer u. Sozialv.	1.314,44 €	

sonstige Bezüge

Urlaubsgeld	2.000,-- €	(nicht pfändbar)
gesamte Steuer u. Sozialv.	1.182,64 €	

	Berechnung gem. ZPO	Berechnung gem. SAP
Pfändbarer Bruttoarbeitslohn	3.000,-- €	3.000,-- €
Minus Steuern und Sozialver-sicherungsbeiträge	1.314,44 € 1.182,64 € Beträge dürfen **nicht gekürzt werden**, siehe unten unter *1	1.314,44 € Beträge werden gekürzt.
Pfändbarer Nettoarbeitslohn	**502,92 €**	**1.685,56 €**
UHP = 0 Betrag, der gemäß Tabelle zu § 850 c Abs. 3 ZPO zu **pfänden ist**	**0,-- €**	**525,-- €**

---

*1: Quelle zum Abzug von Steuern und Sozialversicherungsbeiträge:

- ZPO-Kommentar Baumbach/Lauterbach/Albers/Hartmann, § 850 e Rn 3
- ZPO-Kommentar Thomas/Putzo, § 850 e Rn 2
- ZPO-Kommentar Zöller, § 850 e Rn 1
- ZPO-Kommentar Zimmermann, § 850 e Rn 1

Das obige Beispiel zeigt, dass es zu einer Pfändungs**differenz** i.H.v. **525,-- €** kommt.

Bei der SAP-Software werden dem Arbeitnehmer somit **525,-- €** **zuviel abgezogen.**

Hans-Peter Kranz   Alsdorf, den 08.12.2004

Einschreiben-Rückschein/Eigenhändig
Art. 10 GG

An den **Vorstandsvorsitzenden**
der SAP AG
-Henning Kagermann-
Neurottstr. 16

69190 Walldorf/Baden

Meine Schreiben vom 13.10.2004 , 29.10.2004 u. 24.11.2004
Falsche Pfändungsberechnung bei der SAP-Software (Verstoß gegen § 850 d Abs. 1 Satz 3 ZPO)

§ 15 WpHG   (**Veröffentlichung u. Mitteilung kursbeeinflussender Tatsachen**)

§ 37 b WpHG   (**Schadenersatz wegen unterlassener unverzüglicher Veröffentlichung**
                  kursbeeinflussender Tatsachen)

Sehr geehrter Herr Kagermann,

mit Schreiben vom 13.10.2004, 29.10.2004 u. 24.11.2004 hatte ich ihnen bereits mitgeteilt, dass die von ihnen verkaufte Software den pfändbaren Betrag bei einer Lohnpfändung gem. der ZPO falsch berechnet.

Als Anlage zu diesem Schreiben erhalten sie die Berechnung einer **Unterhaltspfändung** gem. **§ 850 d Abs. 1 Satz 3 ZPO**. Auch bei dieser Berechnung wird wieder deutlich, dass ihre Software den pfändbaren Betrag falsch berechnet.
Bei der von ihnen verkauften Software wird **§ 850 d Abs. 1 Satz 3 ZPO** nicht berücksichtigt. Aus diesem Grund kommt es zu einer falschen Pfändungsberechnung.

Gem. **§ 78 AktG** vertritt der **Vorstand** die SAP AG gerichtlich und außergerichtlich.

Aus diesem Grund gehe ich davon aus, dass sie die ihnen seit dem **14.10.2004** bekannten Tatsachen zu ihrer falschen Pfändungsberechnung gem. **§ 15 WpHG** unverzüglich veröffentlichen.

Bei einer **Unterlassung** machen sie sich gem. **§ 37 b WpHG** schadensersatzpflichtig.

Abschließend weise ich sie noch darauf hin, dass ich über ihre falsche Pfändungsberechnung ein Buch veröffentliche. Das Inhaltsverzeichnis und die derzeitigen Seiten 1, 4 bis 16 des Buches habe ich ihnen als Anlage beigefügt.

Mit freundlichen Grüßen   17 Anlagen

```
Einlieferungsbeleg/Quittung
Bitte Beleg gut aufbewahren!

Deutsche Post AG          52477 Alsdorf
82011714  6787            08.12.04  08:32

. . . . . . . . . . . . . . . . . . . . . . . . . . . .
Sendungsnummer: RR 1800 9542 7DE
Einschreiben
Eigenhändig Rückschein

SAP AG  Henning Kagermann

Bruttoumsatz              *7,09 EUR
mehrwertsteuerbefreit A
Nettoumsatz               *7,09 EUR


Servicenummer National
Telefon: 0 18 05/29 06 90
12 ct/60 Sek. im Festnetz
Mo.-Fr.8-18h

Servicenummer International
```

Beispiel für eine Unterhaltspfändung gem. § 850 d ZPO

pfändbarer Bruttoarbeitslohn	3.000,-- €
Lst, Kist, Solizu	700,-- €
Sozialversicherungsbeiträge	550,-- €
pfandfreier Betrag	1.050,-- €
pfandfreier Mehrbetrag	25 %
unterhaltsberechtigte Personen (UHP)	0

Berechnung gem. der SAP-Abrechnung:

	pfändbarer Bruttoarbeitslohn	3.000,-- €
minus	Lst,Kist,Solizu,Sozialversicherungsb.	1.250,-- €
=		1.750,-- €
minus	pfandfreier Betrag	1.050,-- €
=		700,-- €
minus	pfandfreier Mehrbetrag (25%)	175,-- €
=		**525,-- €** ----> **pfändbar gem. SAP**

3.000,-- € minus 1.250,-- € minus 525,-- € = 1.225,-- €
Nach der SAP-Abrechnung verbleiben dem Schuldner **1.225,-- €.**

> Gem. **§ 850 d Abs. 1 Satz 3 ZPO** darf dem Schuldner aber nicht mehr verbleiben, als bei einer Pfändungsberechnung nach **§ 850 c ZPO**.

Gem. **§ 850 c ZPO** ergibt sich folgende Berechnung:

	pfändbarer Bruttoarbeitslohn	3.000,-- €
minus	Lst,Kist,Solizu,Sozialversicherungsb.	1.250,-- €
=		1.750,-- €

pfändbar gem. **Tabelle** zu § 850 c Abs. 3 ZPO   **574,-- €**

3.000,-- € minus 1.250,-- € minus 574,-- € = 1.176,-- €
Dem Schuldner verbleiben demnach **1.176,-- €.**

Ergebnis:

Gem. der **SAP-Abrechnung** verbleiben dem Schuldner	**1.225,-- €**
Gem. **§ 850 d Abs. 1 Satz 3 ZPO** dürfen dem Schuldner aber nur verbleiben	**1.176,-- €**

Bei der SAP-Abrechnung entsteht somit eine **Differenz** i.H.v. **49,-- €**. In der Praxis würde hier z.B. die Ex-Ehefrau 49,-- € zuwenig erhalten.

Die **SAP-Abrechnung ist falsch** und entspricht nicht der Abrechnung gem. der Zivilprozessordnung (ZPO).

Hans-Peter Kranz
Alsdorf, den 31.12.2004

Einwurf-Einschreiben
Art. 10 GG

An den **Vorstandsvorsitzenden**
der SAP AG
-Henning Kagermann-
Neurottstr. 16

69190 Walldorf/Baden

Mein Schreiben vom 08.12.2004
Falsche Pfändungsberechnung bei der SAP-Software (Verstoß gegen § 850 d Abs. 1 Satz 3 ZPO)

§ 15 WpHG   **(Veröffentlichung u. Mitteilung kursbeeinflussender Tatsachen)**
§ 37 b WpHG   **(Schadenersatz wegen unterlassener unverzüglicher Veröffentlichung**
                  kursbeeinflussender Tatsachen)

Sehr geehrter Herr Kagermann,

mein Schreiben vom 24.11.2004 haben sie nicht angenommen und zu meinem Schreiben vom 08.12.2004 **(siehe Anlage)** hat die Deutsche Post AG mir bis heute den Rückschein nicht ausgehändigt. Deshalb erhalten sie jetzt nochmals als Anlage die Unterlagen vom 08.12.2004. Aus diesen Unterlagen geht hervor, dass die von ihnen verkaufte Software den pfändbaren Betrag bei einer Lohnpfändung gem. der ZPO falsch berechnet.

Als Anlage erhalten sie u.a. die Berechnung einer **Unterhaltspfändung** gem. **§ 850 d Abs. 1 Satz 3 ZPO**. Auch bei dieser Berechnung wird wieder deutlich, dass ihre Software den pfändbaren Betrag falsch berechnet.
Bei der von ihnen verkauften Software wird **§ 850 d Abs. 1 Satz 3 ZPO** nicht berücksichtigt. Aus diesem Grund kommt es zu einer falschen Pfändungsberechnung.

Gem. **§ 78 AktG** vertritt der **Vorstand** die SAP AG gerichtlich und außergerichtlich.

Aus diesem Grund gehe ich davon aus, dass sie die ihnen seit dem **14.10.2004** bekannten Tatsachen zu ihrer falschen Pfändungsberechnung gem. **§ 15 WpHG** unverzüglich veröffentlichen.

Bei einer **Unterlassung** machen sie sich gem. **§ 37 b WpHG** schadensersatzpflichtig.

Abschließend weise ich sie noch darauf hin, dass ich über ihre falsche Pfändungsberechnung ein Buch veröffentliche. Das Inhaltsverzeichnis und die derzeitigen Seiten 1, 4 bis 16 des Buches habe ich ihnen als Anlage beigefügt.

Mit freundlichen Grüßen   18 Anlagen

```
Einlieferungsbeleg/Quittung
Bitte Beleg gut aufbewahren!

Deutsche Post AG        52477 Alsdorf
82011714  5250          31.12.04  08:30

.................................
Sendungsnummer: RR 3394 0171 4DE
Einschreiben Einwurf

SAP.AG,.Henning.Kagermann

Bruttoumsatz            *3,04 EUR
mehrwertsteuerbefreit A
Nettoumsatz             *3,04 EUR


Servicenummer National
Telefon: 0 18 05/29 06 90
12 ct/60 Sek. im Festnetz
Mo.-Fr.8-18h

Servicenummer International
Telefon: 0 18 01/80 55 55
4,6 ct/60 Sek. im Festnetz
Mo.-Fr. 8-18h und Sa. 8-14h
```

b) Hasso Plattner (Aufsichtsratsvorsitzender und Gründer der SAP AG)

Hans-Peter Kranz

Alsdorf, den 03.01.2005

Einwurf-Einschreiben
Art. 10 GG

An den **Aufsichtsratsvorsitzenden**
der SAP AG
-Hasso Plattner-
Neurottstr. 16

69190 Walldorf/Baden

§ 111 AktG
Falsche Pfändungsberechnung bei der SAP-Software
§ 15 WpHG   **(Veröffentlichung u. Mitteilung kursbeeinflussender Tatsachen)**

§ 37 b WpHG   **(Schadenersatz wegen unterlassener unverzüglicher Veröffentlichung**
                   kursbeeinflussender Tatsachen)

Sehr geehrter Herr Plattner,

da ihr Vorstandsvorsitzender Henning Kagermann mein Schreiben vom 24.11.2004 nicht angenommen hat, erhalten sie dieses Schreiben inklusive 25 Anlagen in 2-facher Ausfertigung. Eine Ausfertigung erhalten sie
       ➤   durch **Einwurf-Einschreiben** von der Deutschen Post AG
und eine weitere Ausfertigung erhalten sie
       ➤   durch den **Gerichtsvollzieher** gem. § 132 BGB.

Gem. **§ 111 AktG** hat der **Aufsichtsrat** die Geschäftsführung zu überwachen. Aus diesem Grund erhalten sie als Anlage die Schreiben in Kopie, die ich dem Vorstandsvorsitzenden der SAP AG, Herrn Henning Kagermann, zugestellt habe.

Aus diesen Schreiben geht hervor, dass die von der SAP AG verkaufte Software den pfändbaren Betrag bei einer Lohnpfändung gem. der ZPO falsch berechnet.

1. Bei einer **Unterhaltspfändung** wird bei ihrer Software **§ 850 d Abs. 1 Satz 3 ZPO** nicht berücksichtigt. Es kommt somit zu einer falschen Pfändungsberechnung.
2. Bei einer **Pfändungsberechnung** unter Berücksichtigung einer **Urlaubsgeldzahlung** werden bei ihrer Software die gesetzlichen Abzüge falsch zugeordnet. Die betroffenen Arbeitnehmer werden somit erheblich benachteiligt.
3. Bei einer normalen Pfändungsberechnung gem. **§ 850 e ZPO** werden ebenfalls bei ihrer Software die gesetzlichen Abzüge falsch zugeordnet. Auch hier werden die betroffenen Arbeitnehmer benachteiligt.

Gem. **§ 78 AktG** vertritt der **Vorstand** die SAP AG gerichtlich und außergerichtlich. Aus diesem Grund gehe ich davon aus, dass ihr Vorstandsvorsitzender Henning Kagermann die ihm seit dem **14.10.2004** bekannten Tatsachen zur falschen Pfändungsberechnung gem. **§ 15 WpHG** unverzüglich veröffentlicht.

Bei einer **Unterlassung** macht er sich gem. **§ 37 b WpHG** schadensersatzpflichtig.

Abschließend weise ich auch sie Herr Plattner noch darauf hin, dass ich über ihre falsche Pfändungsberechnung ein Buch veröffentliche. Das Inhaltsverzeichnis und die derzeitigen Seiten 1, 4 bis 16 des Buches habe ich ihnen auch als Anlage beigefügt.

Mit freundlichen Grüßen

25 Anlagen

```
Einlieferungsbeleg/Quittung
Bitte Beleg gut aufbewahren!

Deutsche Post AG        52477 Alsdorf
82011714  5482          03.01.05  08:38

.................................
Sendungsnummer: RR 3394 0195 2DE
Einschreiben Einwurf

SAP.AG., Hasso. Plattner......

Bruttoumsatz            *3,04 EUR
mehrwertsteuerbefreit A
Nettoumsatz             *3,04 EUR
```

c) Klaus Tschira (Aufsichtsratsmitglied und Gründer der SAP AG)

Hans-Peter Kranz   Alsdorf, den 07.01.2005

Einwurf-Einschreiben
Art. 10 GG

Aufsichtsratsmitglied
der SAP AG
-Klaus Tschira-
Neurottstr. 16

69190 Walldorf/Baden

§ 111 AktG
Falsche Pfändungsberechnung bei der SAP-Software
§ 15 WpHG   (Veröffentlichung u. Mitteilung kursbeeinflussender Tatsachen)

§ 37 b WpHG   (Schadenersatz wegen unterlassener unverzüglicher Veröffentlichung
             kursbeeinflussender Tatsachen)

Sehr geehrter Herr Tschira,

da ihr Vorstandsvorsitzender Henning Kagermann mein Schreiben vom 24.11.2004 nicht angenommen hat, erhalten sie dieses Schreiben inklusive 25 Anlagen in 2-facher Ausfertigung. Eine Ausfertigung erhalten sie
  ➢   durch **Einwurf-Einschreiben** von der Deutschen Post AG
und eine weitere Ausfertigung erhalten sie
  ➢   durch den **Gerichtsvollzieher** gem. § 132 BGB.

Gem. **§ 111 AktG** hat der **Aufsichtsrat** die Geschäftsführung zu überwachen. Aus diesem Grund erhalten sie als Anlage die Schreiben in Kopie, die ich dem Vorstandsvorsitzenden der SAP AG, Herrn Henning Kagermann, zugestellt habe.

Aus diesen Schreiben geht hervor, dass die von der SAP AG verkaufte Software den pfändbaren Betrag bei einer Lohnpfändung gem. der ZPO falsch berechnet.

1. Bei einer **Unterhaltspfändung** wird bei ihrer Software **§ 850 d Abs. 1 Satz 3 ZPO** nicht berücksichtigt. Es kommt somit zu einer falschen Pfändungsberechnung.
2. Bei einer **Pfändungsberechnung** unter Berücksichtigung einer **Urlaubsgeldzahlung** werden bei ihrer Software die gesetzlichen Abzüge falsch zugeordnet. Die betroffenen Arbeitnehmer werden somit erheblich benachteiligt.
3. Bei einer normalen Pfändungsberechnung gem. **§ 850 e ZPO** werden ebenfalls bei ihrer Software die gesetzlichen Abzüge falsch zugeordnet. Auch hier werden die betroffenen Arbeitnehmer benachteiligt.

Gem. **§ 78 AktG** vertritt der **Vorstand** die SAP AG gerichtlich und außergerichtlich. Aus diesem Grund gehe ich davon aus, dass ihr Vorstandsvorsitzender Henning Kagermann die ihm seit dem **14.10.2004** bekannten Tatsachen zur falschen Pfändungsberechnung gem. **§ 15 WpHG** unverzüglich veröffentlicht.

Bei einer **Unterlassung** macht er sich gem. **§ 37 b WpHG** schadensersatzpflichtig.

Abschließend weise ich auch sie Herr Tschira noch darauf hin, dass ich über ihre falsche Pfändungsberechnung ein Buch veröffentliche. Das Inhaltsverzeichnis und die derzeitigen Seiten 1, 4 bis 16 des Buches habe ich ihnen auch als Anlage beigefügt.

Mit freundlichen Grüßen   25 Anlagen

d) Dietmar Hopp (Aufsichtsratsmitglied bis Mai 2005 und Gründer der SAP AG)

Hans-Peter Kranz

Alsdorf, den 05.01.2005

Einwurf-Einschreiben
Art. 10 GG

Aufsichtsratsmitglied
der SAP AG
-Dietmar Hopp-
Neurottstr. 16

69190 Walldorf/Baden

§ 111 AktG
Falsche Pfändungsberechnung bei der SAP-Software

§ 15 WpHG   (Veröffentlichung u. Mitteilung kursbeeinflussender Tatsachen)

§ 37 b WpHG   (Schadenersatz wegen unterlassener unverzüglicher Veröffentlichung
               kursbeeinflussender Tatsachen)

Sehr geehrter Herr Hopp,

da ihr Vorstandsvorsitzender Henning Kagermann mein Schreiben vom 24.11.2004 nicht angenommen hat, erhalten sie dieses Schreiben inklusive 25 Anlagen in 2-facher Ausfertigung. Eine Ausfertigung erhalten sie
> durch **Einwurf-Einschreiben** von der Deutschen Post AG

und eine weitere Ausfertigung erhalten sie
> durch den **Gerichtsvollzieher** gem. § 132 BGB.

Gem. **§ 111 AktG** hat der **Aufsichtsrat** die Geschäftsführung zu überwachen. Aus diesem Grund erhalten sie als Anlage die Schreiben in Kopie, die ich dem Vorstandsvorsitzenden der SAP AG, Herrn Henning Kagermann, zugestellt habe.

Aus diesen Schreiben geht hervor, dass die von der SAP AG verkaufte Software den pfändbaren Betrag bei einer Lohnpfändung gem. der ZPO falsch berechnet.

1. Bei einer **Unterhaltspfändung** wird bei ihrer Software **§ 850 d Abs. 1 Satz 3 ZPO** nicht berücksichtigt. Es kommt somit zu einer falschen Pfändungsberechnung.
2. Bei einer **Pfändungsberechnung** unter Berücksichtigung einer **Urlaubsgeldzahlung** werden bei ihrer Software die gesetzlichen Abzüge falsch zugeordnet. Die betroffenen Arbeitnehmer werden somit erheblich benachteiligt.
3. Bei einer normalen Pfändungsberechnung gem. **§ 850 e ZPO** werden ebenfalls bei ihrer Software die gesetzlichen Abzüge falsch zugeordnet. Auch hier werden die betroffenen Arbeitnehmer benachteiligt.

Gem. **§ 78 AktG** vertritt der **Vorstand** die SAP AG gerichtlich und außergerichtlich. Aus diesem Grund gehe ich davon aus, dass ihr Vorstandsvorsitzender Henning Kagermann die ihm seit dem **14.10.2004** bekannten Tatsachen zur falschen Pfändungsberechnung gem. **§ 15 WpHG** unverzüglich veröffentlicht.

Bei einer **Unterlassung** macht er sich gem. **§ 37 b WpHG** schadensersatzpflichtig.

Abschließend weise ich auch sie Herr Hopp noch darauf hin, dass ich über ihre falsche Pfändungsberechnung ein Buch veröffentliche. Das Inhaltsverzeichnis und die derzeitigen Seiten 1, 4 bis 16 des Buches habe ich ihnen auch als Anlage beigefügt.

Mit freundlichen Grüßen

25 Anlagen

Einlieferungsbeleg/Quittung
Bitte Beleg gut aufbewahren!

Deutsche Post AG   52477 Alsdorf
82011714 6323   05.01.05 08:38

....
Sendungsnummer: RR 3394 0278 5DE
Einschreiben Einwurf

SAP.AG...Dietmar..Hopp.........

Bruttoumsatz   *3,04 EUR
mehrwertsteuerbefreit A
Nettoumsatz   *3,04 EUR

Die nachfolgend aufgeführten **Vorstandsmitglieder** sind ebenfalls von den unterschiedlichen Pfändungsberechnungen in Kenntnis gesetzt worden.

Info-Schreiben an die SAP AG wegen § 15 WpHG			
11.01.2005	Vorstand	Claus E. Heinrich	Übergabe Einschreiben
13.01.2005	Vorstand	Werner Brandt	Einschreiben Rückschein Rückschein liegt vor, 14.01.2005
17.01.2005	Vorstand	Gerhard Oswald	Einschreiben Rückschein Rückschein liegt vor, 18.01.2005
20.01.2005	Vorstand	Peter Zencke	Einschreiben Rückschein Rückschein liegt vor, 21.01.2005
20.01.2005	Vorstand	Léo Apotheker	Einschreiben Rückschein Rückschein liegt vor, 21.01.2005
21.01.2005	Vorstand	Shai Agassi	Einschreiben Rückschein Rückschein liegt vor, 24.01.2005

Die nachfolgend aufgeführten **Aufsichtsratsmitglieder** sind ebenfalls von den unterschiedlichen Pfändungsberechnungen in Kenntnis gesetzt worden.

Info-Schreiben an die SAP AG wegen § 15 WpHG			
24.01.2005	Aufsichtsrat	Willi Burbach	Einschreiben-Rückschein Rückschein liegt vor, 25.01.2005
27.01.2005	Aufsichtsrat	Helga Classen	Einschreiben-Rückschein Rückschein liegt vor, 28.01.2005
27.01.2005	Aufsichtsrat	Bernhard Koller	Einschreiben-Rückschein Rückschein liegt vor, 28.01.2005
31.01.2005	Aufsichtsrat	Christiane Kuntz-Mayr	Einschreiben-Rückschein Rückschein liegt vor, 01.02.2005
31.01.2005	Aufsichtsrat	Lars Lamadé	Einschreiben Rückschein Rückschein liegt vor, 01.02.2005
02.02.2005	Aufsichtsrat	Gerhard Maier	Einschreiben Rückschein Rückschein liegt vor, 03.02.2005
02.02.2005	Aufsichtsrat	Barbara Schennerlein	Einschreiben Rückschein Rückschein liegt vor, 03.02.2005

9. Gesetz über den Wertpapierhandel (WpHG)

a) Bundesaufsichtsamt für den Wertpapierhandel (BAWe)

```
Bundesaufsichtsamt für den Wertpapierhandel
                  Lurgiallee 12
                 60439 Frankfurt

Weitere Infos unter         www.bawe.de
                            www.bafin.de
```

Das BAWe ist eine organisatorisch, aber nicht rechtlich selbständige Bundesoberbehörde im Geschäftsbereich des Bundesministers der Finanzen (§ 3 I WpHG) mit Sitz in Frankfurt a.M.. Ihr Präsident wird auf Vorschlag der Bundesregierung durch den Bundespräsidenten bestellt.

Das BAWe ist für die **Aufsicht** nach dem Wertpapierhandelsgesetz zuständig (§ 4 I 1 WpHG), d.h. für

- die Verhinderung und Aufdeckung des Missbrauchs von Insiderinformationen,

- **Überwachung der Ad-hoc-Berichterstattungpflicht,**

- Überwachung bei Veräußerung von bedeutenden Beteiligungen an börsennotierten Gesellschaften,
- internationale Zusammenarbeit auf dem Gebiet der Wertpapierhandelsaufsicht.

Dabei muss die Behörde Missständen entgegenwirken, welche die ordnungsgemäße Durchführung des Wertpapierhandels oder von Wertpapierdienstleistungen und Wertpapiernebendienstleistungen beeinträchtigen oder erhebliche Nachteile für den Wertpapiermarkt bewirken können (§ 4 I 2 WpHG).

Das BAWe nimmt seine Aufgaben und Befugnisse nur im **<u>öffentlichen Interesse</u>** war (§ 4 II WpHG).

Ab dem 01.05.2002 ist das BAWe Teil der neuen Bundesanstalt für Finanzdienstleistungsaufsicht (BAFin).

(Quelle: Gabler Bank Lexikon, Hrsg. Krumnow, Gramlich, Lange, Dewner)

b) Veröffentlichung und Mitteilung kursbeeinflussender Tatsachen (§ 15 WpHG)

Gem. **§ 15 Abs. 1 WpHG** müssen kursbeeinflussende Tatsachen veröffentlicht werden. Diese Veröffentlichungspflicht heißt **„Ad-hoc-Publizität"**.

Der Emittent von zugelassenen Wertpapieren ist demnach **verpflichtet**,

> „**unverzüglich** eine neue Tatsache zu veröffentlichen, wenn sie aufgrund ihrer Auswirkungen auf die Vermögens- oder Finanzlage oder auf den allgemeinen Geschäftsverlauf des Emittenten geeignet ist, den **Börsenpreis** der zugelassenen Wertpapiere erheblich zu **beeinflussen**".

unverzüglich   =   ohne schuldhaftes Zögern   (§ 121 BGB)

§ 37 b WpHG schreibt eine **Schadensersatzpflicht** (§ 37 b, § 37 c WpHG i.V.m. § 15 VI WpHG) bei **unterlassener unverzüglicher Veröffentlichung** oder **unwahrer Darstellung** kursbeeinflussender Tatsachen vor, die nach § 15 WpHG ad hoc zu publizieren sind.

§ 37 b Abs. 5 WpHG und **§ 37 c Abs. 5 WpHG** verweisen ausdrücklich auf **Ansprüche** gegen die **Vorstände**. Diese Haftung tritt nur bei grober Fahrlässigkeit oder Vorsatz ein.

Die **Bundesanstalt für Finanzdienstleistungsaufsicht** (BAFin) kann zwecks Kontrolle, ob die Pflichten eingehalten werden, Auskünfte und die Vorlage von Unterlagen verlangen und auch vor Ort prüfen (**§ 15 V WpHG**)

Gem. **§ 15 Abs. 1 Satz 2 WpHG** hat das Bundesaufsichtsamt für den Wertpapierhandel (BAWe) die Möglichkeit der Befreiung von der Ad-hoc-Publizität, wenn die Veröffentlichung der Tatsache geeignet ist, den berechtigten Interessen des Emittenten zu schaden. Dabei handelt es sich um eine eng zu handhabende Ausnahme, **die nur auf kurze Zeit befristet sein kann**. Sie betrifft vor allem **Sanierungssituationen**. Eine große praktische Bedeutung scheint diese Befreiungsmöglichkeit aber, nach der geringen Anzahl der dazu gestellten Anträge zu urteilen, nicht zu erlangen. Das BAWe hat bei seiner Entscheidung eine Interessenabwägung zwischen den Interessen des Emittenten und den **Anleger- bzw. Marktinteressen** vorzunehmen, die aber **gerichtlich voll nachprüfbar ist** (kein Beurteilungsspielraum) **(Bankrechtshandbuch Schimansky/Bunte/Lwowski, Band III, § 107 Rn 57)**

§ 15 Wertpapierhandelsgesetz (WpHG)

§ 15 WpHG   Veröffentlichung und Mitteilung kursbeeinflussender Tatsachen

(1) Der Emittent von Wertpapieren, die zum Handel an einer inländischen Börse zugelassen sind, muß unverzüglich eine neue Tatsache veröffentlichen, die in seinem Tätigkeitsbereich eingetreten und nicht öffentlich bekannt ist, wenn sie wegen der Auswirkungen auf die Vermögens- oder Finanzlage oder auf den allgemeinen Geschäftsverlauf des Emittenten geeignet ist, den Börsenpreis der zugelassenen Wertpapiere erheblich zu beeinflussen, oder im Fall zugelassener Schuldverschreibungen die Fähigkeit des Emittenten, seinen Verpflichtungen nachzukommen, beeinträchtigen kann. Das Bundesaufsichtsamt kann den Emittenten auf Antrag von der Veröffentlichungspflicht befreien, wenn die Veröffentlichung der Tatsache geeignet ist, den berechtigten Interessen des Emittenten zu schaden.

(2) Der Emittent hat die nach Absatz 1 zu veröffentlichende Tatsache vor der Veröffentlichung

1. der Geschäftsführung der Börsen, an denen die Wertpapiere zum Handel zugelassen sind,

2. der Geschäftsführung der Börsen, an denen schließlich Derivate im Sinne des § 2 Abs. 2 gehandelt werden, sofern die Wertpapiere Gegenstand der Derivate sind, und

3. dem Bundesaufsichtsamt

mitzuteilen. Die Geschäftsführung darf die ihr nach Satz 1 mitgeteilte Tatsache vor der Veröffentlichung nur zum Zwecke der Entscheidung verwenden, ob die Feststellung des Börsenpreises auszusetzen oder einzustellen ist. Das Bundesaufsichtsamt kann gestatten, dass Emittenten mit Sitz im Ausland die Mitteilung nach Satz 1 gleichzeitig mit der Veröffentlichung vornehmen, wenn dadurch die Entscheidung der Geschäftsführung über die Aussetzung oder Einstellung der Feststellung des Börsenpreises nicht beeinträchtigt wird.

(3) Die Veröffentlichung nach Absatz 1 Satz 1 ist

1. in mindestens einem überregionalen Informationsverbreitungssystem,

2. über ein elektronisch betriebenes Informationsverbreitungssystem, das bei Kreditinstituten, nach § 53 Abs. 1 Satz 1 des Gesetzes über das Kreditwesen tätigen Unternehmen, anderen Unternehmen, die ihren Sitz im Handel haben und an einer inländischen Börse zur Teilnahme am Handel zugelassen sind, und Versicherungsunternehmen weit verbreitet ist,

in deutscher Sprache vorzunehmen; das Bundesaufsichtsamt kann gestatten, dass Emittenten mit Sitz im Ausland die Veröffentlichung in einer anderen Sprache vornehmen, wenn dadurch eine ausreichende Unterrichtung der Öffentlichkeit nicht gefährdet erscheint. Eine Veröffentlichung in anderer Weise darf nicht vor der Veröffentlichung nach Satz 1 erfolgen. Das Bundesaufsichtsamt kann bei umfangreichen Angaben gestatten, dass eine Zusammenfassung gemäß Satz 1 veröffentlicht wird, wenn die vollständigen Angaben bei den Zahlstellen des Emittenten kostenfrei erhältlich sind und in der Veröffentlichung hierauf hingewiesen wird.

(4) Der Emittent hat die Veröffentlichung nach Absatz 3 Satz 1 unverzüglich der Geschäftsführung der in Absatz 2 Satz 1 Nr. 1 und 2 erfaßten Börsen und dem Bundesaufsichtsamt zu übersenden, soweit nicht das Bundesaufsichtsamt nach Absatz 2 Satz 3 gestattet hat, die Mitteilung nach Absatz 2 Satz 1 gleichzeitig mit der Veröffentlichung vorzunehmen.

(5) Das Bundesaufsichtsamt kann von dem Emittenten Auskünfte und die Vorlage von Unterlagen verlangen, soweit dies zu Überwachung der Einhaltung der in den Absätzen 1 bis 4 geregelten Pflichten erforderlich ist. Während der üblichen Arbeitszeit ist seinen Bediensteten und den von ihm beauftragten Personen, soweit dies zur Wahrnehmung seiner Aufgaben erforderlich ist, das Betreten der Grundstücke und Geschäftsräume des Emittenten zu gestatten. § 16 Abs. 6 und 7 gilt entsprechend.

(6) Verstößt der Emittent gegen die Verpflichtung nach Absatz 1, 2 oder 3, so ist er einem anderen nicht zum Ersatz des daraus entstehenden Schadens verpflichtet. Schadensersatzansprüche, die auf anderen Rechtsgrundlagen beruhen, bleiben unberührt.

§ 20 a WpHG Verbot der Kurs- und Marktmanipulation

(1) Es ist verboten,

1. **unrichtige Angaben** über Umstände zu machen, die für die Bewertung eines Vermögenswertes erheblich sind, oder solche Umstände entgegen bestehenden Rechtsvorschriften zu verschweigen, wenn die Angaben oder das Verschweigen geeignet sind, auf den inländischen Börsen- oder Marktpreis eines Vermögenswertes oder auf den Preis eines Vermögenswertes an einem organisierten Markt in einem anderen Mitgliedstaat der Europäischen Union oder in einem anderen Vertragsstaat des Abkommens über den Europäischen Wirtschaftsraum einzuwirken oder

2. **sonstige Täuschungshandlungen vorzunehmen**, um auf den inländischen Börsen- oder Marktpreis eines Vermögenswertes oder auf den Preis eines Vermögenswertes an einem organisierten Markt in einem anderen Mitgliedstaat der Europäischen Union oder in einem anderen Vertragsstaat des Abkommens über den Europäischen Wirtschaftsraum einzuwirken.

Vermögenswerte im Sinne des Satzes 1 sind **Wertpapiere**, Geldmarktinstrumente, Derivate, Rechte auf Zeichnung, ausländische Zahlungsmittel im Sinne des § 63 Abs. 2 des Börsengesetzes und Waren, die

1. an einer inländischen Börse zum Handel zugelassen oder in den geregelten Markt oder in den Freiverkehr einbezogen sind, oder

2. in einem anderen Mitgliedstaat der Europäischen Union oder einem anderen Vertragsstaat des Abkommens über den Europäischen Wirtschaftsraum zum Handel an einem organisierten Markt zugelassen sind.

(2) ....

---

§ 37 b WpHG Schadenersatz wegen unterlassener unverzüglicher Veröffentlichung kursbeeinflussender Tatsachen

(1) **Unterläßt** es der Emittent von Wertpapieren, die zum Handel an einer inländischen Börse zugelassen sind, unverzüglich eine neue Tatsache zu veröffentlichen, die in seinem Tätigkeitsbereich eingetreten und nicht öffentlich bekannt ist und die wegen ihrer Auswirkungen auf die Vermögens- oder Finanzlage oder auf den allgemeinen Geschäftsverlauf des Emittenten geeignet ist, den Börsenpreis der zugelassenen Wertpapiere erheblich zu beeinflussen, ist er einem Dritten zum Ersatz des durch die Unterlassung entstandenen Schadens verpflichtet, wenn der Dritte

1. die Wertpapiere nach der Unterlassung erwirbt und er bei Bekanntwerden der Tatsache noch Inhaber der Wertpapiere ist oder

2. die Wertpapiere vor dem Eintritt der Tatsache erwirbt und nach der Unterlassung veräußert.

(2) ....

(3) ....

(4) Der **Anspruch** nach Abs. 1 **verjährt** in einem Jahr von dem Zeitpunkt an, zu dem der Dritte von der Unterlassung Kenntnis erlangt, spätestens jedoch in 3 Jahren seit der Unterlassung.

(5) Weitergehende Ansprüche, die nach Vorschriften des bürgerlichen Rechts auf Grund von Verträgen oder **vorsätzlichen unerlaubten Handlungen** erhoben werden können, bleiben unberührt.

(6) ....

---

§ 38 WpHG Strafvorschriften

(1) Mit **Freiheitsstrafe bis zu 5 Jahren** oder mit Geldstrafe wird bestraft, wer

1. ....

2. ....

3. ....

4. eine in § 39 Abs. 1 Nr. 1 oder 2 WpHG bezeichnete Handlung begeht und dadurch auf den inländischen Börsen- oder Marktpreis eines Vermögenswertes oder auf den Preis eines Vermögenswertes an einem organisierten Markt in einem anderen Mitgliedstaat der Europäischen Union oder in einem anderen Vertragsstaat des Abkommens über den Europäischen Wirtschaftsraum einwirkt.

(2) Einem Verbot im Sinne des Absatzes 1 Nr. 1 bis 3 oder des Absatzes 1 Nr. 4 in Verbindung mit § 39 Abs. 1 Nr. 1 oder 2 steht ein entsprechendes ausländisches Verbot gleich.

---

§ 39 WpHG Bußgeldvorschriften

(1) Ordnungswidrig handelt, wer

1. entgegen **§ 20 a Abs. 1 Satz 1 Nr. 1 WpHG**, auch in Verbindung mit einer Rechtsverordnung nach Abs. 2 Satz 1 Nr. 1 WpHG, eine Angabe macht oder einen **Umstand verschweigt**,

2. entgegen **§ 20 a Abs. 1 Satz 1 Nr. 2 WpHG**, auch in Verbindung mit einer Rechtsverordnung nach Abs. 2 Satz 1 Nr. 2 WpHG, eine **Täuschungshandlung vornimmt**,

3. ....

4. ....

(2) ....

II. Gesetz gegen den unlauteren Wettbewerb (UWG)

§ 1 UWG **Zweck des Gesetzes**
Dieses Gesetz dient dem Schutz der Mitbewerber, der Verbraucherinnen und der Verbraucher sowie der sonstigen Marktteilnehmer vor unlauterem Wettbewerb. Es schützt zugleich das Interesse der Allgemeinheit an einem unverfälschten Wettbewerb.

Schutz der Entscheidungsfreiheit. Geschützt wird im Rahmen der Wettbewerbsfreiheit nicht nur das Interesse des Wettbewerbers an freier Entfaltung seiner unternehmerischen Tätigkeiten, sondern auch die Entscheidung des Konsumenten (Nachfragers) sich frei zwischen den Angeboten verschiedener Unternehmen zu entscheiden. Im Rahmen dieser Freiheit fungiert der Verbraucher als Schiedsrichter im Markt über Erfolg und Misserfolg des Angebots bzw. des Unternehmers.

Voraussetzung dafür ist, dass der **Verbraucher** in seiner rechtsgeschäftlichen Entscheidungsfreiheit **nicht in unzulässiger (unlauterer) Weise beeinflusst wird.** Die Grenze zur Unlauterkeit ist erst überschritten, wenn die Rationalität der Kaufentscheidung des Kunden verdrängt wird, d.h. wenn dem Kunden nach Sachlage eine sachgerechte Willensbildung nicht mehr möglich ist.

Informationspflichten des Unternehmers. Insoweit kommt besondere Bedeutung der Frage zu, ob der Unternehmer dem **Informationsinteresse des Verbrauchers** genügt hat.
Nur der zutreffend informierte Verbraucher kann sich sachgerecht entscheiden.

(UWG-Kommentar, Piper/Ohly, 4. Aufl., § 1 Rn 19, 20, 21)

§ 2 UWG **Definitionen**
(1) Im Sinne dieses Gesetzes bedeutet
1. „**Wettbewerbshandlung**" jede Handlung einer Person mit dem Ziel, zugunsten des eigenen oder eines fremden Unternehmens den Absatz oder den Bezug von Waren oder die Erbringung oder den Bezug von Dienstleistungen, einschließlich unbeweglicher Sachen, Rechte und Verpflichtungen zu fördern;
2. „**Marktteilnehmer**" neben Mitbewerbern und Verbrauchern alle Personen, die als Anbieter oder Nachfrager von Waren oder Dienstleistungen tätig sind;
3. „**Mitbewerber**" jeder Unternehmer, der mit einem oder mehreren Unternehmen als Anbieter oder Nachfrager von Waren oder Dienstleistungen in einem konkreten Wettbewerbsverhältnis steht;
4. „**Nachricht**" jede Information, die zwischen einer endlichen Zahl von Beteiligten über einen öffentlich zugänglichen elektronischen Kommunikationsdienst ausgetauscht oder weitergeleitet wird; die schließt nicht Informationen ein, die als Teil eines Rundfunkdienstes über ein elektronisches Kommunikationsnetz an die Öffentlichkeit weitergeleitet werden, soweit die Informationen nicht mit dem identifizierbaren Teilnehmer oder Nutzer, der sie erhält, in Verbindung gebracht werden können;
(2) Für den Verbraucherbegriff und den Unternehmerbegriff gelten die §§ 13 und 14 des BGB entsprechend.

§ 3 UWG	Verbot unlauteren Wettbewerbs

Unlautere Wettbewerbshandlungen, die geeignet sind, den Wettbewerb zum Nachteil der Mitbewerber, der Verbraucher oder der sonstigen Marktteilnehmer nicht nur unerheblich zu beeinträchtigen, sind unzulässig.

Verkehrsverständnis:

Wie der Werbende sein Handeln im Wettbewerb versteht oder verstanden wissen will, ist unerheblich. **Maßgebend ist allein das Verkehrsverständnis.** Das werbende Verhalten des Unternehmers soll von denjenigen verstanden werden, an die es sich richtet. Folgerichtig muss es sich an den Verständnismaßstäben messen lassen, die die angesprochenen Verkehrskreise an die fragliche Wettbewerbsmaßnahme anlegen. **Maßgebend** insoweit ist der **Sinngehalt, der sich für den Werbeempfänger aus dem Gesamtbild der Werbung nach Form, Inhalt und Begleitumständen ergibt.**

Verbraucherleitbild:

Nach der neueren an die Rechtsprechung des EuGH anknüpfenden Rechtsprechung des BGH ist für das Verkehrsverständnis die Sicht des **durchschnittlich informierten**, situationsbedingt durchschnittlich aufmerksamen und **durchschnittlich verständigen Verbrauchers maßgebend.**
(UWG-Kommentar, Piper/Ohly, 4. Aufl., § 3 Rn 17, 18)

Für die Bildung der Verkehrsauffassung sind das äußere Erscheinungsbild, der Wortlaut und die grammatikalisch-philologische Bedeutung einer Werbeäußerung nicht allein entscheidend. Es ist ein Erfahrungssatz, dass der Verkehr eine Werbeaussage im Allgemeinen entsprechend ihrem Wortsinn versteht. Zu berücksichtigen sind daneben die Begleitumstände, ebenso eine tatsächliche Übung und – vor allem - allgemeine, dem Verkehr bekannte Erfahrungssätze. Prägend für das Verkehrsverständnis ist regelmäßig der allgemeine Sprachgebrauch, bei der an Fachkreise gerichteten Werbung ist es die auf dem betroffenen Fachgebiet maßgebende Sprachregelung. Zu berücksichtigen sind auch Veröffentlichungen in Lexika und im Fachschrifttum, die Rechtsprechung der Gerichte.

Beteiligte Verkehrskreise. Maßgebender Verkehr ist nicht ohne weiteres das Publikum schlechthin (die Gesamtheit der Bevölkerung). Entscheidend kommt es auf die Auffassung derjenigen Teile des Verkehrs an, an die sich die konkrete Werbeaussage im Einzelfall wendet. Meist sind nicht alle Verkehrskreise von einem Wettbewerbshandeln in ihren wettbewerblichen Interessen betroffen; häufig nur einer oder mehrere.

Bei der Beurteilung, ob eine Werbemaßnahme als unlauter (§ 3) anzusehen ist, kommt es also maßgeblich auf die Auffassung der angesprochenen Verkehrskreise an, die ihrerseits in erster Linie davon beeinflußt sind, ob die Werbemaßnahme in der in Rede stehenden Branche üblich ist.

Anstandsformel. Nach der auf die Motive zum BGH zurückgehenden sog. Anstandsformel kommt es für die lauterkeitsrechtliche Wertung darauf an, ob das zu beurteilende Verhalten objektiv dem Anstandsgefühl aller billig und gerecht Denkenden oder dem der verständigen Durchschnittsgewerbetreibenden bzw. dem der beteiligten Verkehrskreise widerspricht oder ob es von der Allgemeinheit missbilligt und als untragbar angesehen wird.

Der Begriff der Unlauterkeit i.S. des § 3 ist – nicht anders als der Begriff von Treu und Glauben i.S. von § 242 BGB – objektiv zu verstehen. Erforderlich ist insbesondere nicht, dass sich der Handelnde der Unlauterkeit seines Tuns bewusst ist. Auf ein Verschulden kommt es für den Begriff der Unlauterkeit i.S. von § 3 nicht an.

60

Der Verletzer kann sich in aller Regel nicht darauf berufen, das Gesetz nicht gekannt oder unzutreffend ausgelegt zu haben.

Ein Gewerbetreibender muss sich deshalb Kenntnis von dem für seine Tätigkeit einschlägigen gesetzlichen Bestimmungen verschaffen und verbleibende Zweifel ggf. durch Einholung sachkundigen Rechtsrats zu klären suchen, will er sich nicht des Vorwurfs wettbewerbswidrigen Verhaltens aussetzen.

(UWG-Kommentar, Piper/Ohly, 4. Aufl., § 3 Rn 19, 20, 33, 65)

---

§ 4 UWG   Beispiele unlauteren Wettbewerbs

Unlauter im Sinne von § 3 handelt insbesondere, wer

1. ...
2. Wettbewerbshandlungen vornimmt, die geeignet sind, die **geschäftliche Unerfahrenheit** insbesondere von Kindern oder Jugendlichen, die Leichtgläubigkeit, die Angst oder die Zwangslage von **Verbrauchern auszunutzen**;
3. den Werbecharakter von Wettbewerbshandlungen verschleiert;
4. ..
11. einer gesetzlichen Vorschrift zuwiderhandelt, die auch dazu bestimmt ist, im Interesse der Marktteilnehmer das Marktverhalten zu regeln.

Rechtsunkenntnis:

Ausnutzung geschäftlicher Unerfahrenheit ist auch das **Ausnutzen von Rechtsunkenntnis**. Darum geht es bei der **Verletzung gesetzlicher Informationspflichten**, die zum Schutz der Rechte des Verbrauchers **Belehrungspflichten vorschreiben**, sowie bei bewusst **unrichtigen Angaben des Werbenden** über die **dem Kunden zur Verfügung stehenden rechtlichen Möglichkeiten**, z.B. durch Verwendung unwirksamer AGB oder durch andere **Maßnahmen, die geeignet sind, den Kunden von der Ausübung seiner Rechte abzuhalten**. Auszugehen ist bei der Beurteilung von den **Rechtskenntnissen eines verständigen Durchschnittsverbrauchers**. Fehlt es daran, befindet sich der Verbraucher in der von § 2 Nr. 2 vorausgesetzten Ausnahmesituation. So ist es unlauter, Vertragsformulare zu verwenden, die entgegen den gesetzlichen Vorschriften den Vertragspartner über Widerrufs-, Rücktritts- und Rückgaberechte bei Kredit-, Abzahlungs-, Haustür- und Versicherungsgeschäften **nicht, unvollständig oder falsch belehren** und deshalb geeignet sind, den die Rechtslage nicht überblickenden Vertragspartner von der Ausübung seiner Widerrufsrechte usw. abzuhalten.

Verantwortlichkeit der Werbungtreibenden.

Für **täuschende** oder sonst **sachlich unrichtige Presseberichte** über ein Produkt oder dessen Hersteller **haftet der Werbungtreibende** (Hersteller, Vertreiber) als Informant, wenn Täuschung oder Unrichtigkeit auf seine Information zurückzuführen ist.

(UWG-Kommentar, Piper/Ohly, 4. Aufl., § 4 Rn 2/7, 3/11)

> **§ 5 UWG**　　　　　　**Irreführende Werbung**
>
> (1) Unlauter im Sinne von § 3 handelt, wer irreführend wirbt.
>
> (2) Bei der Beurteilung der Frage, ob eine Werbung irreführend ist, sind alle ihre Bestandteile zu berücksichtigen, insbesondere in ihr enthaltene Angaben über:
>
> 1. die Merkmale der Waren oder Dienstleistungen wie Verfügbarkeit, Art, Ausführung, Zusammensetzung, Verfahren und Zeitpunkt der Herstellung oder Erbringung, die Zwecktauglichkeit, Verwendungsmöglichkeit, Menge, Beschaffenheit, die geographische oder betriebliche Herkunft oder die von der Verwendung zu erwartenden Ergebnisse oder die Ergebnisse und wesentlichen Bestandteile von Tests der Waren oder Dienstleistungen;
>
> 2. den Anlass des Verkaufs und den Preis oder die Art und Weise, in der er berechnet wird, und die Bedingungen, unter denen die Waren geliefert oder die Dienstleistungen erbracht werden;
>
> 3. die geschäftlichen Verhältnisse, insbesondere die Art, die Eigenschaften und die Rechte des Werbenden, wie seine Identität und sein Vermögen, seine geistigen Eigentumsrechte, seine Befähigung oder seine Auszeichnungen oder Ehrungen.
>
> Bei der Beurteilung, ob das Verschweigen einer Tatsache irreführend ist, sind insbesondere deren Bedeutung für die Entscheidung zum Vertragsschluss nach der Verkehrsauffassung sowie die Eignung des Verschweigens zur Beeinflussung der Entscheidung zu berücksichtigen.
>
> (3) Angaben im Sinne von Absatz 2 sind auch Angaben im Rahmen vergleichender Werbung sowie bildliche Darstellungen und sonstige Veranstaltungen, die darauf zielen und geeignet sind, solche Angaben zu ersetzen.
>
> (4) Es wird vermutet, dass es irreführend ist, mit der Herabsetzung eines Preises zu werben, sofern der Preis nur für eine unangemessenen kurze Zeit gefordert worden ist. Ist streitig, ob und in welchem Zeitraum der Preis gefordert worden ist, so trifft die Beweislast denjenigen, der mit der Preisherabsetzung geworben hat.
>
> (5) Es ist irreführend, für eine Ware zu werben, die unter Berücksichtigung der Art der Ware sowie der Gestaltung und Verbreitung der Werbung nicht in angemessener Menge zur Befriedigung der zu erwartenden Nachfrage vorgehalten ist. Angemessen ist im Regelfall ein Vorrat für 2 Tage, es sei denn, der Unternehmer weist Gründe nach, die eine geringere Bevorratung rechtfertigen. Satz 1 gilt entsprechend für die Werbung für eine Dienstleistung.

Es widerspricht lauterem Verhalten schlechthin, sich Wettbewerbsvorteile durch Täuschung zu verschaffen, d.h. **durch das Hervorrufen eines unrichtigen**, der Wirklichkeit nicht entsprechenden **Eindrucks**, unter dem der Getäuschte seine Entscheidung in (unbewusster) Unkenntnis vom wahren Sachverhalt trifft.

Angaben i.S. des § 5 sind **Tatsachenangaben** (Tatsachenbehauptungen, Informationen tatsächlicher Art), d.h. **inhaltlich nachprüfbare Aussagen über geschäftliche Verhältnisse**. Für die Einstufung einer Äußerung als Tatsachenbehauptung in diesem Sinne kommt es darauf an, dass die Aussage einer inhaltlichen Überprüfung auf Richtigkeit mit den Mitteln des Beweises zugänglich ist.

Schweigen ist für sich allein keine Angabe. Werden jedoch **Umstände verschwiegen**, die wesentlich, d.h. für den **Kaufentschluss relevant** sind und deshalb einer **Aufklärungspflicht unterliegen**, kann durch das Verschweigen solcher Umstände eine Angabe irreführend werden. Maßgebend ist die Bedeutung, die der verschwiegenen Tatsache nach der Auffassung der angesprochenen Verkehrskreise zukommt.

Aufklärungspflichten können sich aus Gesetz, aus Vertrag oder auch aus vorangegangenem Tun (Werbemaßnahmen) des Werbenden selbst ergeben. Ob danach zur Vermeidung einer Irreführung eine Aufklärung geboten ist, richtet sich allein nach dem Eindruck, **den die Werbung nach den Gesamtumständen vermittelt**, und nach der danach zu beurteilenden Bedeutung der verschwiegenen Tatsache für die Entschließung des angesprochenen Verkehrs (des verständigen Durchschnittsverbrauchers). Zur Irreführung führt die Nichterteilung von Informationen (das Verschweigen) aber immer nur dann, **wenn der Verbraucher in einem wesentlichen relevanten Punkt getäuscht** bzw. **der Gefahr einer Täuschung ausgesetzt wird.**

Eine **Angabe ist irreführend** i.S. von § 5, wenn sie die Wirkung einer unzutreffenden Angabe erzeugt, d.h. den von ihr angesprochenen Verkehrskreisen einen unrichtigen Eindruck vermittelt. Für diesen Begriff der Irreführung ist es erforderlich, reicht andererseits aber auch aus, dass die Angabe zur Täuschung des Verkehrs und zur Beeinflussung seiner Entschließung geeignet ist. Nicht erforderlich ist, dass jemand tatsächlich irregeführt wird, d.h. dass sich eine Irreführung in der Person eines Werbeadressaten auch tatsächlich verwirklicht. Für die Verwirklichung des Irreführungstatbestandes **genügt also die Herbeiführung der Gefahr einer Täuschung.**

Für die **Irreführung (Irreführungsgefahr) reicht es aus**, dass sich der angesprochene Verkehr auf Grund der irreführenden Angaben **überhaupt erst oder näher mit dem Angebot befasst.** Auf eine nachträgliche Aufklärung kommt es bei einer solchen Sachlage nicht an. Eine Angabe ist regelmäßig auch dann als irreführend i.S. des § 5 zu beanstanden, wenn der angesprochene Verkehr im Zeitpunkt seiner Kaufentschließung nicht mehr in einem Irrtum befangen ist, die betreffende Angabe aber geeignet war, **ihn anzulocken und dem Angebot näherzutreten**, das er **sonst nicht oder nicht in dieser Weise beachtet hätte.** Grundsätzlich ist bereits in der **Handzettel-, Zeitungs- und Plakatwerbung** und nicht erst im Verkaufsgespräch **auf die Umstände hinzuweisen**, in denen das mit der Werbung herausgestellte Produkt hinter der Verkehrserwartung zurückbleibt.

§ 5 dient dem Schutz der Marktteilnehmer und **der Allgemeinheit** vor einem irreführenden Wettbewerb. Diese Zielsetzung verlangt, dass an die **Richtigkeit und Wahrheit der Werbung** strenge Anforderungen gestellt werden.

Entscheidend ist die Gesamtwirkung der Werbung, auf die der Verkehr bei seiner Betrachtung abstellt und die deshalb **wahr sein muss.** Eine zergliedernde Betrachtungsweise, die die Werbeaussage in ihre einzelnen Teile zerlegt, ist unzulässig.

Wer die **Wahrheitspflicht** als oberstes Gebot im Wettbewerb **verletzt**, verstößt in aller Regel gegen § 5. Irreführend ist also eine Werbeangabe für gewöhnlich dann, wenn mit ihr **sachlich etwas Unrichtiges behauptet wird.**

§ 5 wendet sich auch gegen das **vor Vertragsabschluss liegende Anlocken von Kunden** durch Irreführung. Eine der Täuschung nachfolgende Klarstellung, mag sie auch vor Vertragsabschluss erklärt werden, lässt – was vor allem für die Blickfangwerbung von Bedeutung ist – den Tatbestand des § 5 regelmäßig nicht mehr entfallen. Blickfangwerbung betonte Angaben, z.B. **Überschriften oder Preisangaben**, aber auch **sonstige Teile der Werbeaussage**, dürfen – nicht anders als der Gesamtinhalt – **nicht unrichtig oder missverständlich sein.** Ob die nähere Befassung mit der Werbung die Irreführung beseitigt, ist im Allgemeinen unerheblich, da im Sinne des § 5 der Verkehr bereits dann irregeführt wird, wenn er durch eine unzutreffenden Angabe veranlasst wird, sich mit dem beworbenen Angebot überhaupt erst oder näher zu befassen.

§ 5 bekämpft die (konkrete) Gefahr einer Irreführung des Publikums **bereits im Vorfeld des Vertragsabschlusses** und greift nicht erst dann ein, wenn die Täuschung zum Kauf oder zur Auftragserteilung geführt hat.

Wettbewerbsrechtlich relevant und damit irreführend sind unrichtige Angaben **erst bei ihrer Eignung zur Beeinflussung des Kaufentschlusses.** Unrichtige Angaben sind wettbewerbsrechtlich erst und nur dann von Bedeutung, **wenn sie den Wettbewerb beeinflussen können.**

Entscheidend ist die Eignung, den Verkehr in **seinen wirtschaftlichen Entschließungen irgendwie** – im Sinne einer allgemeinen Wertschätzung – **zu beeinflussen.** Das setzt regelmäßig voraus, dass die

Werbeangabe dem Publikum (irgendwelche) **Vorteile in Aussicht stellt**, z.B. **Preis-** oder **Qualitätsvorteile** oder neue oder **erweiterte Anwendungsmöglichkeiten**, die sich aus der Fortentwicklung des angebotenen Produktes ergeben.

Im Allgemeinen kann bei unrichtigen Werbeangaben die **wettbewerbsrechtliche Relevanz** aus der Täuschung selbst gefolgert werden. Wird ein beachtlicher Teil der Verbraucher getäuscht, spricht dies regelmäßig auch ohne Beweiserhebung für die wettbewerbsrechtliche Relevanz der beanstandeten Werbung.

Der **Begriff der Beschaffenheit** ist weit zu fassen. Er erfasst alle Umstände, die nach der Verkehrsauffassung für die Wertschätzung einer Ware oder Leistung von Bedeutung sein können.

Angaben zur Beschaffenheit eines Produkts sind **erforderlich**, wenn andernfalls der Verbraucher irregeführt werden würde. Voraussetzung dafür ist aber, dass den Werbenden eine **Aufklärungspflicht** trifft.

Aussagen über die **Wirkung** oder die **Verwendungsmöglichkeit** einer Ware oder Leistung legt der Verkehr mit Blick auf die Brauchbarkeit des Angebots für den verfolgten Zweck maßgebliche Bedeutung bei. Entscheidend ist die Verkehrsauffassung, d.h. die Wirkung, die der Verkehr der Werbeangabe entnimmt. Derartige Angaben unterliegen **zum Schutz des Verbrauchers** strengen Anforderungen und **Aufklärungspflichten.**

Ausnutzung von Rechtsunkenntnis. Irreführend ist ein Wettbewerbshandeln, das Vorteile aus der Ausnutzung der Rechtsunkenntnis der Verbraucher zu ziehen sucht.

Eine gesetzlich angeordnete Belehrung muss aus wettbewerbsrechtlicher Sicht, damit sie ihren Zweck erreichen kann, **inhaltlich vollständig** und unmissverständlich **sein.** Sie muss dem **Aufklärungsziel** Rechnung tragen und das **Wissen vermitteln**, auf das die Belehrung abzielt.

(UWG-Kommentar, Piper/Ohly, 4. Aufl., § 5 Rn 6, 85, 98, 99, 114, 115, 118, 133, 160, 211, 212, 214, 216, 221, 245, 246, 291, 542, 543)

§ 8 UWG   **Beseitigung und Unterlassung**

(1) Wer dem § 3 zuwiderhandelt, kann auf Beseitigung und bei Wiederholungsgefahr auf Unterlassung in Anspruch genommen werden. Der **Anspruch** auf **Unterlassung besteht bereits dann**, wenn eine **Zuwiderhandlung droht**.

(2) Werden die Zuwiderhandlungen in einem Unternehmen von einem Mitarbeiter oder Beauftragten begangen, so sind der Unterlassungsanspruch und der Beseitigungsanspruch auch gegen den Inhaber des Unternehmens begründet.

(3) **Die Ansprüche aus Absatz 1 stehen zu:**

1. **jedem Mitbewerber;**

2. rechtsfähigen Verbänden zur Förderung gewerblicher oder selbständiger beruflicher Interessen, soweit ihnen eine erhebliche Zahl von Unternehmern angehört, die Waren oder Dienstleistungen gleicher oder verwandter Art auf demselben Markt vertreiben, soweit sie insbesondere nach ihrer personellen, sachlichen und finanziellen Ausstattung imstande sind, ihre satzungsmäßigen Aufgaben der Verfolgung gewerblicher oder selbständiger beruflicher Interessen tatsächlich wahrzunehmen und soweit die Zuwiderhandlung die Interessen ihrer Mitglieder berührt;

3. qualifizierten Einrichtungen, die nachweisen, dass sie in die Liste qualifizierter Einrichtungen nach § 4 des Unterlassungsklagengesetzes oder in dem Verzeichnis der Kommission der Europäischen Gemeinschaften nach Artikel 4 der Richtlinie 98/27/EG des Europäischen Parlaments und des Rates vom 19. Mai 1998 über Unterlassungsklagen zum Schutz der Verbraucherinteressen (Abl. EG Nr. L 166 S. 51) eingetragen sind;

4. den Industrie- und Handelskammern oder den Handwerkskammern.

(4) Die Geltendmachung der in Absatz 1 bezeichneten Ansprüche ist unzulässig, wenn sie unter Berücksichtigung der gesamten Umstände missbräuchlich ist, insbesondere wenn sie vorwiegend dazu dient, gegen den Zuwiderhandelnden einen Anspruch auf Ersatz von Aufwendungen oder Kosten der Rechtsverfolgung entstehen zu lassen.

(5) § 13 des UklaG und die darin enthaltene Verordnungsermächtigung gelten mit der Maßgabe entsprechend, dass an die Stelle der Klageberechtigten nach § 3 Abs. 1 Nr. 1 und 3 des UklaG die gem. § 8 Abs. 3 Nr. 3 und 4 zur Geltendmachung eines Unterlassungsanspruches Berechtigten, an die Stelle der Klageberechtigten nach § 3 Abs. 1 Nr. 2 des UklaG die gem. § 8 Abs. 3 Nr. 2 zur Geltendmachung eines Unterlassungsanspruches Berechtigten und an die Stelle der in den §§ 1 und 2 des UklaG geregelten Unterlassungsansprüche die in § 8 bestimmten Unterlassungsansprüche treten. Im Übrigen findet das Unterlassungsklagengesetz keine Anwendung.

---

§ 9 UWG   **Schadensersatz**

Wer dem **§ 3 vorsätzlich** oder **fahrlässig** zuwiderhandelt, ist den **Mitbewerbern zum Ersatz des daraus entstehenden Schadens verpflichtet**. Gegen verantwortliche Personen von periodischen Druckschriften kann der Anspruch auf Schadensersatz nur bei einer vorsätzlichen Zuwiderhandlung geltend gemacht werden.

§ 12 UWG	Anspruchsdurchsetzung, Veröffentlichungsbefugnis, Streitwertminderung

(1) Die zur Geltendmachung eines Unterlassungsanspruchs Berechtigten sollen den Schuldner vor der Einleitung eines gerichtlichen Verfahrens **abmahnen** und ihm Gelegenheit geben, den Streit durch Abgabe einer mit einer angemessenen Vertragsstrafe bewehrten Unterlassungsverpflichtung beizulegen. Soweit die Abmahnung berechtigt ist, kann der Ersatz der erforderlichen Aufwendungen verlangt werden.

(2) Zur Sicherung der in diesem Gesetz bezeichneten Ansprüche auf Unterlassung können **einstweilige Verfügungen** auch ohne die Darlegung und Glaubhaftmachung der in den §§ 935 und 940 der ZPO bezeichneten Voraussetzungen erlassen werden.

(3) Ist auf Grund dieses Gesetzes Klage auf Unterlassung erhoben worden, so kann das Gericht der obsiegenden Partei die Befugnis zusprechen, das Urteil auf Kosten der unterliegenden Partei öffentlich bekannt zu machen, wenn sie ein berechtigtes Interesse dartut. Art und Umfang der Bekanntmachung werden im Urteil bestimmt. Die Befugnis erlischt, wenn von ihr nicht innerhalb von 3 Monaten nach Eintritt der Rechtskraft Gebrauch gemacht worden ist. Der Ausspruch nach Satz 1 ist nicht vorläufig vollstreckbar.

(4) Bei der Bemessung des Streitwerts für Ansprüche nach § 8 Abs. 1 ist es wertmindernd zu berücksichtigen, wenn die Sache nach Art und Umfang einfach gelagert ist oder wenn die Belastung einer der Parteien mit den Prozesskosten nach dem vollen Streitwert angesichts ihrer Vermögens- und Einkommensverhältnisse nicht tragbar erscheint.

§ 13 UWG	Sachliche Zuständigkeit

(1) Für alle bürgerlichen Rechtsstreitigkeiten, mit denen ein Anspruch auf Grund dieses Gesetzes geltend gemacht wird, sind die **Landgerichte** ausschließlich zuständig. Es gilt § 95 Abs. 1 Nr. 5 des GVG.

(2) ...

§ 16 UWG	Strafbare Werbung

(1) Wer in der Absicht, den Anschein eines besonders günstigen Angebots hervorzurufen, in öffentlichen Bekanntmachungen oder in Mitteilungen, die für einen größeren Kreis von Personen bestimmt sind, durch unwahre Angaben irreführend wirbt, wird mit Freiheitsstrafe bis zu 2 Jahren oder mit Geldstrafe bestraft.

(2) Wer es im geschäftlichen Verkehr unternimmt, Verbraucher zur Abnahme von Waren, Dienstleistungen oder Rechten durch das Versprechen zu veranlassen, sie würden entweder vom Veranstalter selbst oder von einem Dritten besondere Vorteile erlangen, wenn sie andere zum Abschluss gleichartiger Geschäfte veranlassen, die ihrerseits nach der Art dieser Werbung derartige Vorteile für eine entsprechende Werbung weitere Abnehmer erlangen sollen, wird mit Freiheitsstrafe bis zu 2 Jahren oder mit Geldstrafe bestraft.

§ 5 normiert den wettbewerbsrechtlichen Schutz vor Irreführung, **§ 16 I die strafrechtlichen Folgen** irreführender Werbung. Während für den Tatbestand des § 5 irreführende Angaben ausreichen, verlangt **§ 16 I irreführende** und **unwahre Angaben**, die in der Absicht gemacht werden, den Anschein eines besonders günstigen Angebots hervorzurufen.

Wie § 5 dient auch § 16 I neben dem **Schutz** der Wettbewerber auch und vor allem dem **der Allgemeinheit** vor irreführender Werbung, insbesondere **dem Schutz der Verbraucher** vor einer **Gefährdung ihrer Vermögensinteressen** durch irreführende Werbung. Deshalb ist § 16 I auch Schutzgesetz i.S. des **§ 823 II BGB**, so dass Verbraucher, denen als solche Ansprüche aus dem UWG sonst nicht eingeräumt sind, bei einer strafbaren Irreführung Ansprüche auf Unterlassung und

Schadensersatz nach **§ 823 II BGB**, § 16 I UWG geltend machen können. Da § 16 I einen Vermögensschaden tatbestandlich nicht voraussetzt, gewährt er dem Verbraucher auch schon im Vorfeld des Betrugs (§ 263 StGB) Schutz gegen Wettbewerbshandlungen, die auf seine unredliche Übervorteilung angelegt sind.

Eine Angabe ist irreführend i.S. der §§ 5, 16 I, wenn sie die Wirkung einer unzutreffenden Aussage hervorruft, d.h. einen unrichtigen Eindruck vermittelt. Dafür reicht es aus, dass die Angabe zur Täuschung des Umworbenen und zur Beeinflussung seiner Entschließung geeignet ist. Dass eine Täuschung (ein Schaden) tatsächlich eintritt, ist nicht erforderlich. Es genügt die Gefahr einer Irreführung.

§ 16 I erfordert irreführende (zur Irreführung geeignete) und unwahre Angaben. Diese Tatbestandsmerkmale bedeuten nicht dasselbe. Unwahre Angaben sind objektiv unwahre Angaben. Für die Frage, ob eine Angabe wahr oder unwahr ist, kommt es daher nicht darauf an, welche Bedeutung ihr nach der Verkehrsauffassung zukommt. Maßgebend ist allein ein objektiver Prüfungsmaßstab.

Anders als nach § 5 unterliegt dem Straftatbestand des § 16 I nicht die individuelle Werbung. § 16 I erfasst nur Angaben in **öffentlichen Bekanntmachungen** und in **Mitteilungen**, die für einen größeren Personenkreis bestimmt sind. Öffentliche Bekanntmachungen wenden sich an eine nicht erkennbar miteinander verbundene **Vielzahl von Personen**, d.h. an jedermann (Anzeigenwerbung, Reklameanschläge, Prospekte, Werbefunk und –fernsehen, aber auch Aufdrucke auf Geschäftsbögen, auf der Warenverpackung oder auf der Ware selbst).

Der Straftatbestand des § 16 I wird nur verwirklicht, wenn der Täter **vorsätzlich** handelt. Der Vorsatz muss sich auf alle Umstände erstrecken, die die Unwahrheit der Angabe und deren Eignung zur Irreführung begründen.

Der Verstoß gegen § 16 I ist **Vergehen** (§ 12 II StGB) und **Privatklagedelikt** (§ 347 I Nr. 7 StPO). Verfolgung der Tat **von Amts wegen**. Erhebung der öffentlichen Klage aber nur bei Vorliegen **öffentlichen Interesses** (§ 374 I Nr. 7, § 376 StPO), das aber nach den Richtlinien für das Strafverfahren zu bejahen ist, wenn eine nicht nur geringfügige Rechtsverletzung vorliegt, d.h. wenn die unrichtigen Angaben geeignet sind, einen erheblichen Teil der Verbraucher irrezuführen.

Die unter Verletzung des § 16 I geschlossenen **Verträge** sind **zivilrechtlich wirksam**, unterliegen aber der **Anfechtung** wegen **arglistiger Täuschung** (§ 123 BGB).

(UWG-Kommentar, Piper/Ohly, 4. Aufl., § 16 Rn 3, 4, 8, 9, 11, 14, 22, 24, 28)

III. Rechtsanwälte

1. Allgemeines

Nach dem **Grundgesetz (GG)** ist die BRD ein demokratischer und sozialer Bundesstaat. Dies ergibt sich aus Artikel 20 u. 28 GG.

Neben der Verpflichtung, staatliches Handeln den Grundsätzen sozialer Gerechtigkeit zu unterwerfen, steht das Bekenntnis zum Rechtsstaat. An Gesetz und Recht sind

- die Gesetzgebung (Legislative),
- die vollziehende Gewalt (Exekutive),
- die Rechtsprechung (Judikative)

unbedingt gebunden (Art. 20 III GG).

Das Rechtsstaatsprinzip wird durch zahlreiche Regelungen des GG maßgeblich mitgeprägt. Als solche Elemente des Rechtsstaatsprinzips sind u. a. zu nennen:

- die Menschenwürdegarantie des Art. 1 GG,
- die Grundrechtsbindung nach Art. 1 GG,
- die Rechtsweggarantie nach Art. 19 GG,
- die Gewaltenteilung, Art. 20 GG,
- die Verfassungsbindung, Art. 20 GG,
- die Bindung an Gesetz und Recht, Art. 20 GG,
- die Staatshaftung, Art. 34 GG,
- das Rechtsprechungsmonopol der Gerichte, Art. 92 GG,
- die Zuständigkeiten des Verfassungsgerichts, Art. 93 GG,
- die Sicherung der Einheitlichkeit der Rechtsprechung, Art. 95 GG,
- die Unabhängigkeit der Richter, Art. 97 GG,
- das Verbot der Ausnahmegerichte und die Garantie des gesetzlichen Richters, Art. 101 GG
- der Anspruch auf rechtliches Gehör, Art. 103 GG.
(Grundgesetz-Kommentar, Michael Sachs, Art. 20 Rn 77)

Da das Rechtsstaatsprinzip aber von vornherein keine in allen Einzelheiten eindeutig bestimmten Gebote oder Verbote von Verfassungsrang enthält, bedarf es noch der Konkretisierung. Zu diesen wesentlichen Bestandteilen gehören

- die Idee der Gerechtigkeit,
- das Prinzip der Rechtssicherheit,
- der Vertrauensschutz,
- der Grundsatz der Verhältnismäßigkeit,
- das Recht auf ein faires Verfahren.

Die Idee der **Gerechtigkeit** verlangt das Bemühen um Gerechtigkeit nicht nur im allgemeinen, sondern gerade auch im Einzelfall. Damit ist gemeint, dass die Gesetze gerechte Regelungen enthalten müssen

und ihre Anwendung im Einzelfall durch Behörden oder Gerichte zu gerechten, also inhaltlich – materiell – richtigen Ergebnissen führen muß.
(BVerfGE 7, 89, 92)

Das Prinzip der **Rechtssicherheit** dient dem Rechtsfrieden und der Verläßlichkeit der Rechtsordnung. Es besagt, dass jedes – streitige oder unstreitige – Verfahren, in dem es um die Anwendung von Recht geht, einmal zu einem endgültigen Abschluß kommen muß, dessen Rechtsbeständigkeit gesichert ist. Insofern ist die Rechtssicherheit eine notwendige Bedingung der Freiheit, weil selbstverantwortliche Lebensgestaltung nur auf der Grundlage sicheren Rechts möglich ist.
(BVerfGE 60, 253, 267 ff.)

Der Grundsatz des **Vertrauensschutzes** steht mit dem Prinzip der Rechtssicherheit in engem Zusammenhang. In vielen Fällen bedeutet Rechtssicherheit in erster Linie Vertrauensschutz, nämlich Schutz des Vertrauens des Bürgers darauf, dass an sein Verhalten nicht nachträglich ungünstigere Rechtsfolgen geknüpft werden, als im Zeitpunkt seiner jeweiligen Dispositionen vorhersehbar war.
(BVerfGE 13, 261, 271)

Der Grundsatz der **Verhältnismäßigkeit** ergibt sich nicht nur aus dem Rechtsstaatprinzip, sondern auch aus dem Wesen der Grundrechte selbst, die als Ausdruck des allgemeinen Freiheitsanspruchs des Bürgers jeweils nur so weit beschränkt werden dürfen, wie es zum Schutz öffentlicher Interessen unerläßlich ist; der Bürger muß vor unnötigen Eingriffen der öffentlichen Gewalt bewahrt bleiben.
(BVerfGE 19, 342, 348 f.; 55, 159, 165)

Er betrifft das Verhältnis zwischen Mittel und Zweck. Bei der Gesamtabwägung kommt es darauf an, ob Mittel und Zweck in einem angemessenen Verhältnis zueinander stehen (Übermaßverbot oder Verhältnismäßigkeit im engeren Sinne); es darf also nicht „mit Kanonen auf Spatzen geschossen" werden.
(BVerfGE 67, 157, 173; 90, 145, 172 f.)

Das Recht auf ein faires Verfahren gehört zu den wesentlichen Auswirkungen des Rechtsstaatprinzips im Bereich von Verfahrensregeln. Es besteht gleichermaßen in allen Verwaltungs- und Gerichtsverfahren, hat aber vor allem im Strafverfahren Bedeutung erlangt. Es besagt, dass niemand, auch nicht der Angeklagte, zum bloßen Objekt eines staatlichen Verfahrens herabgewürdigt werden darf; vielmehr muß dem Betroffenen die Möglichkeit gegeben werden, zur Wahrung seiner Rechte auf den Gang und das Ergebnis des Verfahrens Einfluß zu nehmen.
(BVerfGE 57, 250, 274 f.)

Will ein Bürger seine Interessen vor einem Gericht vertreten, muß er dafür fast immer die Tätigkeit einer rechtskundigen Person in Anspruch nehmen. Zu diesen rechtskundigen Personen sind in der BRD in erster Linie die Rechtsanwälte berufen **(§ 3 BRAO)**.
Andere Personen dürfen eine Rechtsberatung geschäftsmäßig (gleich ob entgeltlich oder unentgeltlich) nur ausüben, wenn ihnen die nach dem **Rechtsberatungsgesetz** erforderliche Erlaubnis erteilt wurde.

Sobald in der BRD eine Auseinandersetzung unter Einschaltung der Gerichte erfolgt, können sich die Bürger nur in einem Parteiprozeß **(§§ 50, 79 ZPO)** selbst vertreten oder durch jede prozessfähige Person als Bevollmächtigten **(§§ 51, 52, 79, 80 ZPO)** vertreten lassen. Dies ist meist bei einer Auseinandersetzung vor einem **Amtsgericht** der Fall.

Vor den **Landgerichten** haben die Rechtsanwälte im Rahmen der notwendigen anwaltlichen Vertretung (**§ 78 ZPO**) ein **Vertretungsmonopol**. Dies bedeutet, dass die Bürger sich von einem Anwalt vertreten lassen müssen. Ohne Anwalt kann kein Bürger einen Rechtsstreit vor einem Landgericht führen. Diese Monopolstellung führt dazu, dass die Bürger auf die **fachliche Qualifikation** ihres Anwalts angewiesen sind.

Ob der ausgewählte Anwalt über die für den Prozeß nötigen Kenntnisse verfügt, erfährt der Bürger meistens erst während des Verfahrens vor Gericht.

Es gibt nämlich in der BRD für einen bestimmten Bereich (z.B. Arbeitsrecht, Steuerrecht, Strafrecht, Versicherungsrecht, Verwaltungsrecht usw.) 4 verschiedene Rechtsanwälte:

1. Rechtsanwalt

2. Rechtsanwalt mit **Interessenschwerpunkt** für den Bereich ...

3. Rechtsanwalt mit **Tätigkeitsschwerpunkt** für den Bereich ...

4. **Fachanwalt** für den Bereich ...

Qual der Wahl. Fast 98.000 Anwälte boten laut Bundesrechtsanwaltskammer am 01.01.1999 in Deutschland ihre Dienste an. Trotzdem ist es für den juristischen Laien schwer, den richtigen Rechtsanwalt zum richtigen Zeitpunkt zu finden. Denn ein unerfahrener Mandant, gibt der Münchner Anwalt und EDV-Rechts-Experte Benno Heussen in seinem jüngsten „Insider-Report" zu bedenken, kann die Qualität eines Anwalts nur schwer abschätzen.
Die Suche nach der geeigneten Kanzlei wird für den Ratsuchenden schnell zu einem Hindernislauf in einem unübersichtlichen Parcours. Außer einigen spärlichen Hinweisen in Branchenbüchern und Anwaltsverzeichnissen über Fachanwaltschaften, Tätigkeitsschwerpunkte und nur wenig aussagekräftige Interessengebiete ist über die Advokaten nicht viel in Erfahrung zu bringen. Die laut Heussen „zweifellos professionellste Methode", um den „besten Anwalt zu finden", nämlich die Anwälte selbst nach profilierten anderen Kollegen zu fragen, scheidet für den Hilfe suchenden Normalverbraucher meist aus. Denn welche Kanzlei betätigt sich schon gern als Auskunftei und schickt einen viel versprechenden Fall zur spezialisierten Konkurrenz?
Außerdem dürfen deutsche Anwälte als Volljuristen schließlich in jedem Rechtsgebiet tätig werden. Genau da aber liegt für Rudolf Haibach ein Problem der deutschen Anwaltschaft. „Immer noch meinen viele Anwälte, sie könnten alle Fälle gleich kompetent bearbeiten. Aber kein Anwalt", resümiert Haibach aus eigener Erfahrung, „ist in der Lage, in allen Rechtsgebieten alle Winkelzüge zu kennen."
(Quelle: Zeitschrift „Focus", 46/1999, Seite 156, 158)

2. Pflichten der Rechtsanwälte (§ 1 BORA, § 43 a BRAO)

Gem. § 1 der **Berufsordnung für Rechtsanwälte** (BORA) hat ein Rechtsanwalt seine Mandanten vor Rechtsverlusten zu schützen und vor Fehlentscheidungen durch Gerichte und Behörden zu bewahren.

§ 1 BORA	Freiheit der Advokatur
(1)	Der Rechtsanwalt übt seinen Beruf frei, selbstbestimmt und unreglementiert aus, soweit Gesetz oder Berufsordnung ihn nicht besonders verpflichtet.
(2)	Die Freiheitsrechte des Rechtsanwalts gewährleisten die Teilhabe des Bürgers am Recht. Seine Tätigkeit dient der Verwirklichung des Rechtsstaats.
(3)	Als unabhängiger Berater und Vertreter in allen Rechtsangelegenheiten hat der Rechtsanwalt seine Mandanten vor **Rechtsverlusten zu schützen**, rechtsgestaltend, konfliktvermeidend und streitschlichtend zu begleiten, **vor Fehlentscheidungen durch Gerichte und Behörden zu bewahren** und gegen verfassungswidrige Beeinträchtigung und staatliche Machtüberschreitung zu sichern.

Die **Pflicht**, seinen Mandanten „**vor Rechtsverlusten zu schützen**", konkretisiert lediglich eine sich aus § 242 BGB im Hinblick auf das anwaltliche Vertrauensverhältnis ergebende Verpflichtung (OLG Düsseldorf NJW-R R 2000, 874; vgl. § 44 Rdnr. 17 ff.)
(Kommentierung zur BRAO, Feuerich/Weyland, 6. Auflage, § 1 BORA Rn 9)

Die Verantwortung für seine freie, unbehinderte Beratung und Vertretung trägt allein der Rechtsanwalt. Bei

unzulänglicher rechtlicher Aufklärung,
inhaltlich falscher Beratung und
unsachgemäßer Vertretung

kann ein Rechtsanwalt u.U. zivilrechtlich zum Schadenersatz herangezogen werden. Ferner kann ein Rechtsanwalt sich bei **vorsätzlicher Falschberatung** oder **unsachgemäßer Vertretung** wegen **Parteiverrats** (§ 356 StGB) strafbar machen.

Übernimmt ein Rechtsanwalt auf einem bestimmten Rechtsgebiet ein Mandat, dann muß er sich **Kenntnis** von der dazu veröffentlichten **höchstrichterlichen Rechtsprechung**, vornehmlich von den in den Entscheidungssammlungen abgedruckten Urteilen **verschaffen** und diese **berücksichtigen** (BGH NJW 1983, 1665; 1989. 1155 mit Anm. Wagner). Das **Unterlassen** der gebotenen Fortbildung kann nicht nur zu Schadensersatzverpflichtungen führen, sondern ist **pflichtwidrig**.
(Kommentierung zur BRAO, Feuerich/Weyland, 6. Auflage, § 3 BRAO Rn 9)

Dem eigenen Mandanten, dem Gegner und dem gegnerischen Anwalt gegenüber darf der **Rechtsanwalt** im Rahmen seiner Berufsausbildung **nicht bewußt die Unwahrheit sagen**, soweit es um Tatsachen geht. Trägt der Rechtsanwalt den Inhalt und die Aussagen von Gesetzen und Urteilen wissentlich falsch vor, stellt er eine unrichtige Tatsachenbehauptung i.S.d. § 43 a Abs. 3 BRAO auf.
(Kommentierung zur BRAO, Feuerich/Weyland, 6. Auflage, § 43 a BRAO Rn 38 u. 39)

Auch die **Einlegung aussichtsloser Rechtsmittel** kann eine zum **Schadensersatz** verpflichtende Schlechterfüllung des Mandantenvertrages sein, **wenn dem Mandanten Erfolgsaussichten vorgespiegelt werden.**

(Kommentierung zur BRAO, Feuerich/Weyland, 6. Auflage, § 43 a BRAO Rn 41)

Ein **Rechtsanwalt** ist **verpflichtet**, vor einer **Beratung** seines Mandanten den **Sachverhalt**, den er beurteilen soll, **genau zu klären**. Ein Rechtsanwalt, der einen Anspruch klageweise geltend machen soll, hat die zu Gunsten seiner Partei sprechenden tatsächlichen und rechtlichen Gesichtspunkte so umfassend wie möglich darzustellen, damit sie das Gericht bei seiner Entscheidung berücksichtigen kann.

Er hat dem Mandanten **diejenigen Schritte anzuraten**, die zu dem **erstrebten Ziele zu führen geeignet sind**, und **Nachteile** für den Auftraggeber **zu verhindern**, soweit solche voraussehbar und vermeidbar sind. Dazu hat er dem Auftraggeber den **sichersten** und **gefahrlosesten Weg vorzuschlagen** und ihn über mögliche Risiken aufzuklären, damit der Mandant zu einer sachgerechten Entscheidung in der Lage ist (BGH NJW 1994, 1472; 1993, 1325; 1993, 1779; ......)

(Kommentierung zur BRAO, Feuerich/Weyland, 6. Auflage, § 44 BRAO Rn 17 u. 17 a)

---

§ 43 a BRAO   **Grundpflichten des Rechtsanwalts**

(1) Der Rechtsanwalt darf keine Bindungen eingehen, die seine berufliche Unabhängigkeit gefährden.

(2) Der Rechtsanwalt ist zur Verschwiegenheit verpflichtet. Diese Pflicht bezieht sich auf alles, was ihm in Ausübung seines Berufes bekanntgeworden ist. Dies gilt nicht für Tatsachen, die offenkundig sind oder ihrer Bedeutung nach keiner Geheimhaltung bedürfen.

(3) Der Rechtsanwalt darf sich bei seiner Berufsausübung nicht unsachlich verhalten. Unsachlich ist insbesondere ein Verhalten, bei dem es sich um die **bewußte Verbreitung von Unwahrheiten** oder solche herabsetzenden Äußerungen handelt, zu denen andere Beteiligte oder der Verfahrensverlauf keinen Anlaß gegeben haben.

(4) Der Rechtsanwalt darf keine widerstreitenden Interessen vertreten.

(5) Der Rechtsanwalt ist bei der Behandlung der ihm anvertrauten Vermögenswerte zu der erforderlichen Sorgfalt verpflichtet. Fremde Gelder sind unverzüglich an den Empfangsberechtigten weiterzuleiten oder auf ein Anderkonto einzuzahlen.

(6) Der Rechtsanwalt ist verpflichtet, sich fortzubilden.

Anwalt muss Rechtsprechung kennen

Bundesgerichtshof hält Rechtsanwälte zu sachgerechter Beratung und Information der Mandanten an

HANDELSBLATT, 18.6.2003

din KARLSRUHE. Der Bundesgerichtshof (BGH) hat Anwälte erneut zu sachgerechter Beratung der Mandanten angehalten. Ein Anwalt muss sich danach mit der höchstrichterlichen Rechtsprechung auskennen und Mandanten anschließend umfassend informieren.

Im Ursprungsfall wollte eine Baufirma in Form einer GmbH 1995 noch ausstehende Forderungen einklagen. Das Problem: Als Zeugen für den behaupteten Anspruch stand lediglich der Geschäftsführer der GmbH zur Verfügung. Der aber kann in einem Prozess der GmbH nicht zugleich als ihr Zeuge auftreten. Der Anwalt riet der Firma daher, die Ansprüche an die Ehefrau des Geschäftsführers abzutreten, diese klagen zu lassen und ihren Ehe-

Lesen bildet: Das Studieren neuer Urteile ist eine Anwaltspflicht.

mann als Zeugen aufzurufen. Das Gericht könnte die Abtretung zwar im Hinblick auf das in den AGBs des Bauvertrages vereinbarte Abtretungsverbot als unwirksam ansehen, sagte er seinen Mandanten. Sicher sei das jedoch nicht, da es ein eindeutiges BGH-Urteil zum formularmäßigen Abtretungsausschluss nicht gebe. Als die Mandanten dementsprechend vorgingen, wurde die Klage abgewiesen. Gemäß dem Rat ihres neuen Anwalts berief die GmbH den Geschäftsführer ab und bestellte die Ehefrau an seiner Stelle ein. Er trat daraufhin im neuen Prozess, der mit einem Vergleich endete, als Zeuge auf.

Die Ehefrau verklagte den ersten Anwalt auf Schadensersatz und bekam in letzter Instanz recht. Die Beratung entsprach nicht dem Stand der höchstrichterlichen Rechtsprechung und sei daher fehlerhaft gewesen, so die Richter. Sie nutzten den Fall dazu, sich noch einmal ausführlich mit den Beratungspflichten eines Anwalts zu befassen. Aus verschiedenen BGH-Urteilen sei schon 1995 eindeutig hervor gegangen, dass das Gericht den formularmäßige Abtretungsausschluss als wirksam erachtete, hieß es. Bei sachgerechter Auswertung der Urteile hätte der Anwalt seine Mandanten deutlich darauf hinweisen müssen, dass mit einer Abtretung kaum Chancen für den Prozess bestünden. Außerdem müsse ein Anwalt die Mandanten über alle möglichen Vorgehensweisen informieren.

Aktenzeichen
BGH: IX ZR 54/02

(Quelle: Handelsblatt, 18.06.2003)

Anhang

Literaturverzeichnis

- (AktG) Aktiengesetz, 30. Auflage, Beck-Texte im dtv
- Bankrecht, 32. Auflage, Beck-Texte im dtv
- Bankrechtshandbuch, Schimansky/Bunte/Lwowski, Band I-III, 2001, C.H. Beck Verlag
- (BGB) Bürgerliches Gesetzbuch-Kommentar, Palandt, 60. Auflage, C.H. Beck Verlag
- (BRAO) Bundesrechtsanwaltsordnung-Kommentar, Feuerich/Weyland, 6. Auflage, Franz Vahlen Verlag
- Gabler Bank Lexikon, 13. Auflage, Th. Gabler Verlag
- (GG) Grundgesetz-Kommentar, Michael Sachs, 3. Auflage, C.H. Beck Verlag
- Handelsblatt
- Kapitalmarkt- u. Börsenrecht, Markus Lenenbach, 2002, RWS Verlag
- Lohnpfändung, Prof. Dipl.-Rpfl. Udo Hintzen, 23. Auflage, Stollfuß Verlag
- Lohnpfändung und Lohnabtretung in Recht und Praxis, Kommentierung, Dietrich Boewer und Ralf Bommermann, 3. Auflage, ISDN 3-89209-048-3
- Manager Magazin
- Manager Magazin Spezial, Oktober 2004
- mySAP HR Personalwirtschaft, erw. Neuauflage 2004, Galileo Press Verlag
- mySAP HR Technische Grundlagen u. Programmierung, 2. Auflage 2005, Galileo Press Verlag
- Personalwirtschaft mit SAP R/3, Paul Wenzel, 1. Auflage 2001, Vieweg Verlag
- Rechtswörterbuch, Carl Creifelds, 15. Auflage, C.H. Beck Verlag
- SAP-die heimliche Software-Macht, Gerd Meissner, 2. Auflage, Hoffmann u. Campe Verlag
- SAP-Geschäftsbericht 2002 und 2003
- SAP-Personalwirtschaft für Anwender, 1. Auflage 2004, Galileo Press Verlag
- SAP R/3 Systemadministration, 1. korrigierter Nachdruck 2004, Galileo Press Verlag
- (StGB) Strafgesetzbuch u. Nebengesetze-Kommentar, Tröndle/Fischer, 51. Auflage, C.H. Beck Verlag
- (UWG) Gesetz gegen den unlauteren Wettbewerb-Kommentar, Piper/Ohly, 4. Auflage, C.H. Beck Verlag
- Zeitschrift „Finanztest"
- Zeitschrift „Justament"
- (ZPO) Zivilprozessordnung-Kommentar, Baumbach/Lauterbach/Albers/Hartmann, 61. Auflage, C.H. Beck Verlag
- (ZPO) Zivilprozessordnung-Kommentar, Thomas/Putzo, 23. Auflage, C.H. Beck Verlag
- (ZPO) Zivilprozessordnung-Kommentar, Zimmermann, 3. Auflage, C.F. Müller Juristischer Verlag
- (ZPO) Zivilprozessordnung-Kommentar, Zöller, 20 Auflage, Schmidt KG Verlag

Der **Zoom** bei einem **Fotoapparat** und die **Farben** bei einem **Bild** beeinflussen die **Gebühren** im **Internet** (z.B. bei Ebay, Bild, Focus usw.)!

Differenzen bis zu **640 %**, bei **gleicher Bildgröße!** **Warum?**

Ist es **Wucher** oder **Betrug?**

<u>**Rechte kennen und durchsetzen**</u>

<u>**Ohne (und mit) Rechtsanwalt**</u>

Wucher:

Leistungswucher liegt vor, wenn der Täter sich oder einen Dritten unter Ausbeutung

- einer Zwangslage

- der Unerfahrenheit

- des Mangels an Urteilsvermögen oder erheblicher Willensschwäche

eines anderen Vermögensvorteile versprechen läßt, die in

auffälligem Mißverhältnis zu der Leistung stehen.

Die **Unerfahrenheit** kann auf dem Mangel allgemeiner geschäftlicher oder Lebenserfahrung beruhen.

(Quelle: Creifelds Rechtswörterbuch, 15. Auflage)

----

§ 315 BGB   **Bestimmung der Leistung durch eine Partei**

(1) Soll die Leistung durch einen der Vertragsschließenden bestimmt werden, so ist im Zweifel anzunehmen, dass die Bestimmung nach **billigem Ermessen** zu treffen ist.

----

§ 315 BGB bindet die Gestaltungsmacht des Berechtigten an billiges Ermessen und unterwirft die von ihm getroffene Bestimmung einer **gerichtlichen Billigkeitskontrolle.**

Er **schützt** damit den anderen Vertragspartner, typischerweise **den sozial Schwachen.**

(BGB-Kommentierung, Palandt, 66. Auflage, § 315 Rn 2)

Dieses Buch erscheint demnächst.

Weitere Infos unter

www.kranzinfo.npage.de

0,00234375 € pro 10 KB **(Aldi)** oder **0,20 €** pro 10 KB **(E-Plus)?**

Differenz = 8.433,33 %

Absichtlicher Verstoß gegen **§ 2 TKV (Nichtdiskriminierung)** oder

ist es bei **E-Plus** sogar **Betrug (§ 263 StGB)** bzw. **Wucher (§ 291 StGB)?**

Rechte kennen und durchsetzen

Ohne (und mit) Rechtsanwalt

Hier erfahren Sie, was

▸ **Telekom, Vodafone, O$_2$ und E-Plus**

ihnen verheimlichen.

----

§ 2 TKV   Nichtdiskriminierung   (in Kraft seit 01.01.1998)

Marktbeherrschende Anbieter von Telekommunikationsdienstleistungen für die Öffentlichkeit haben diese Leistungen **jedermann zu gleichen Bedingungen zur Verfügung zu stellen**, es sei denn, dass unterschiedliche Bedingungen sachlich gerechtfertigt sind.

§ 44 TKG   Anspruch auf Schadensersatz und Unterlassung

(1) ... Der **Anspruch besteht bereits dann**, wenn eine **Zuwiderhandlung droht. Betroffen ist**, wer als **Endverbraucher** oder Wettbewerber durch den Verstoß beeinträchtigt ist. ...

AGB   Aldi

2. **Vertragsschluss** und Vertragslaufzeit.

2.1 Der Prepaid-**Mobilfunkvertrag** zwischen **E-Plus** Service GmbH & Co. KG und dem **Kunden** kommt mit der Registrierung der **EPS-Mobilfunkkarte** („SIM-Karte") des Kunden zustande.

Dieses Buch erscheint demnächst.

Weitere Infos unter

www.kranzinfo.npage.de

%tuale Reiserücktrittsgebühren (§ 651 i BGB) +

Transparenzgebot (§ 307 BGB) + Täuschung (§ 123 BGB) =

Schadensersatzpflicht (§ 823 BGB)!

Oder ist es z. B. bei **TUI** sogar **Betrug (§ 263 StGB)?**

<u>**Rechte kennen und durchsetzen**</u>

<u>**Ohne (und mit) Rechtsanwalt**</u>

Hier erfahren die Kunden, was die

▸ **Reiseveranstalter und Reisebüros**

ihnen verschweigen.

§ 651 i BGB   Rücktritt vor Reisebeginn

1. Vor Reisebeginn kann der Reisende jederzeit vom Vertrag zurücktreten.

2. Tritt der Reisende vom Vertrag zurück, so verliert der Reiseveranstalter den Anspruch auf den vereinbarten **Reisepreis**. Er kann jedoch eine **angemessene Entschädigung** verlangen. Die **Höhe** der **Entschädigung** bestimmt sich nach dem **Reisepreis unter Abzug des Wertes der vom Reiseveranstalter ersparten Aufwendungen** sowie dessen, was er durch **anderweitige Verwendung der Reiseleistungen erwerben kann.**

Reisepreis   mit   oder   ohne

- Internet-Angebote / Rabatte
- Frühbucher-Rabatt
- Superfrühbucher-Rabatt
- Einzelzimmer zum Doppelzimmerpreis
- Senioren-Rabatt ab 55 Jahren
- **Umsatzsteuer**

- 7 Tage reisen = **5 Tage bezahlen**
- 14 Tage reisen = **11 Tage bezahlen**
- 21 Tage reisen = **17 Tage bezahlen**
- Kinderpreise mit Ermäßigungen
- Turboabschlag
- Reisegutscheine

Dieses Buch erscheint demnächst.

Weitere Infos unter

www.kranzinfo.npage.de

Nr. 12 AGB-Banken + Feststellungsklage (§ 256 ZPO) +

Transparenzgebot (§ 307 BGB) + Rechenschaftspflicht (§ 259 BGB)

= Gebührenerstattung!

Oder sind die Gebühren bei Banken und Schufa sogar

Wucher (§ 291 StGB) bzw. **Betrug (§ 263 StGB)?**

<u>Rechte kennen und durchsetzen</u>

<u>Ohne (und mit) Rechtsanwalt</u>

Hier erfahren die Kunden / Bürger, was die

▸ **Banken**

▸ **Sparkassen**

▸ **Schufa und**

▸ **Verwaltungen**

ihnen verschweigen.

---

	gezahlt	erstattet
Sparkasse Aachen		
Mahngebühr (04/1999)	10,-- DM	10,-- DM + Zinsen
Mahngebühr (12/1999)	20,-- DM	20,-- DM + Zinsen
Schadensersatzpauschale (12/1999)	13,-- DM	13,-- DM + Zinsen
Schadensersatzpauschale (01/2000)	13,-- DM	13,-- DM + Zinsen
Gebühren wg. Kündigung (01/2000)	50,-- DM	50,-- DM + Zinsen
Gebühren wg. Abgabe an Rechtsabteilung (01/2000)	15,-- DM	15,-- DM + Zinsen
Citibank		
Bearbeitungsgebühr wg. Pfändung (10/2001)	40,-- DM	40,-- DM
Deutsche Bank 24		
Bearbeitungsgebühr bei Einzahlung		
zugunsten Dritter (nach Zust. **Mahnbescheid**, 05/2002)	15,-- €	35,89 €
Postbank		
Bearbeitungsgebühr bei Einzahlung zugunsten Dritter (nach Zust. **Mahnbescheid**, 06/2002)	14,79 €	68,-- €
Bearbeitungsgebühr bei Einzahlung zugunsten Dritter (nach Zust. **Mahnbescheid**, 01/2003)	5,-- €	30,38 €
Schufa		
Bearbeitungsgebühr gem. § 34 BDSG (nach **Mahnbescheid**, 12/2001)	15,-- DM	48,32 DM
Bearbeitungsgebühr gem. § 34 BDSG (04/2002)	7,60 €	5,10 €
Bearbeitungsgebühr gem. § 34 BDSG (06/2002)	7,60 €	7,60 €
Bearbeitungsgebühr gem. § 34 BDSG (nach **Mahnbescheid**, 05/2003)	7,60 €	29,10 €

Dieses Buch erscheint demnächst.

Weitere Infos unter

www.kranzinfo.npage.de

Aachener Rechtsprechung zu Schufa- und Bankgebühren!

Die Justiz in Aachen verhindert eine BGH-Entscheidung zu Gebührenerhebungen! Angeblich liegt keine grundsätzliche Bedeutung vor.

Absichtlicher Verstoß gegen § 511 Abs. 4 Nr. 1 und § 543 Abs. 2 Nr. 1 ZPO?

Hier erfahren Sie, wie

▸ **Richter und**

▸ **Staatsanwälte**

in Aachen eine BGH-Entscheidung verhindern.

---

§ 543 ZPO   **Zulassungsrevision**

(1) Die Revision findet nur statt, wenn sie

1. das Berufungsgericht in dem Urteil oder

2. das Revisionsgericht auf Beschwerde gegen die Nichtzulassung zugelassen hat.

(2) Die Revision ist zuzulassen, wenn

1. die Rechtssache **grundsätzliche Bedeutung** hat oder

2. die Fortbildung des Rechts oder die Sicherung einer einheitlichen Rechtsprechung eine Entscheidung des Revisionsgerichts erfordert.

Das Revisionsgericht ist an die Zulassung durch das Berufungsgericht gebunden.

Unter **grundsätzlicher Bedeutung** ist zu verstehen,

dass sich die Auswirkungen der Entscheidung in quantitativer Hinsicht nicht in einer Regelung der Beziehungen der Parteien, auch über das Streitobjekt hinaus, oder in einer von vorneherein überschaubaren Anzahl gleichgelagerter Angelegenheiten erschöpfen dürfen, sondern eine **unbestimmte Vielzahl von Fällen betreffen müssen.**

(ZPO-Kommentar, Thomas/Putzo, § 546 Rn 19 und ZPO-Kommentar, Baumbach/ Lauterbach/Albers/ Hartmann, § 543 Rn 4)

Dieses Buch erscheint demnächst.

Weitere Infos unter

www.kranzinfo.npage.de

Kfz-Haftpflichtversicherung	-	nicht transparent (§ 307 BGB)!?
Kfz-Steuer	-	verfassungswidrig (§ 3 AO)!?
TÜV-Gebühren	-	unangemessen!?
Kraftstoffverbrauch	-	Sachmangel (§ 434 BGB / § 3 UWG)!?

Rechte kennen und durchsetzen

Ohne (und mit) Rechtsanwalt

Hier erfahren Sie, ob die Kfz-Kosten

▸ transparent (Kfz-Haftpflichtversicherung, Sonderrabatt bis zu 30 % für RWE-Mitarbeiter, AKB + §§ 1, 5 PflVG + § 307 BGB)

▸ verfassungsgemäß (Kfz-Steuer, Ausnahmen bei der Steuererhebung / Schadstoffbelastung)

▸ angemessen (TÜV-Gebühren - Kostendeckungsprinzip? Kraftstoffverbrauch – Sachmangel?)

sind.

Der **Gleichheitssatz** ist verletzt, wie das BVerfG in ständiger Rechtsprechung ausspricht, wenn sich ein vernünftiger, sich aus der Natur der Sache ergebender oder sonst wie sachlich einleuchtender Grund für die gesetzliche Differenzierung oder Gleichbehandlung nicht finden läßt, wenn also die Bestimmung als willkürlich bezeichnet werden muß.

Der **Gleichheitssatz** ist ferner dann verletzt, wenn der Staat eine **Gruppe von Normadressaten** im Vergleich zu **anderen Normadressaten** anders behandelt, obwohl zwischen beiden Gruppen **keine Unterschiede** von solcher Art und solchem Gewicht bestehen, dass sie die ungleiche Behandlung rechtfertigen könnten (BVerfGE 55, 72; 82, 60; BVerfG NJW 93, 643).

(AO-Kommentar, Franz Klein, 7. Aufl., § 3 Rn 12)

Ausnahmen bei der **Steuererhebung** **(Schadstoffbelastung)?**

§ 3 KraftStG	(Ausnahmen von der Besteuerung)
§ 3 a KraftStG	(Vergünstigungen für Schwerbehinderte)
§ 9 Abs. 4 KraftStG	(Steuersatz / Oldtimer)

Dieses Buch erscheint demnächst.

Weitere Infos unter

www.kranzinfo.npage.de